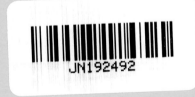

新訂版

トピックによる日本語総合演習

テーマ探しから発表へ

中級後期

安藤節子・佐々木薫・赤木浩文・田口典子・鈴木孝恵
編著

スリーエーネットワーク

Published by 3A Corporation.
Trusty Kojimachi Bldg., 2F, 4, Kojimachi 3-Chome, Chiyoda-ku, Tokyo 102-0083, Japan

ISBN978-4-88319-787-3 C0081

First published 2001
Revised Edition 2009
New Edition 2019
Printed in Japan

はじめに

この教材は、勉学・研究のための日本語運用力を養成する目的で作成したものです。学習者が「自分でテーマを探して調査、考察、発表をする」ことを目標とし、そのプロセスで情報収集、情報伝達、調査分析、原稿作成、発表などのスキルが養われます。トピックはそのための手段と位置付けていますが、さまざまな背景、専門分野の人たちが一緒に学べるように、多様な側面を包括したトピックを取り上げるようにしました。

内容中心で産出型の授業は主に上級レベルに多くの事例が見られます。著者が担当したコースでも1997年1月から上級クラスにおいて先ず実施しました。運用力の養成と同時に学習者が達成感を持ち、動機づけにつながることが確認されたので、同様のことをできるだけ早い段階から実施したいと考え、その試みを開始しました。1つのトピックについて内容理解を深めながら四技能を有機的に統合して活動するためには、まとまった長さの情報構造のある文章の読解、産出の力が必要ですが、トピックの抽象度や課の構成などを調整することにより初級終了段階からそれが可能であることが実証されました。

「トピックによる日本語総合演習　テーマ探しから発表へ」は中級前期、中級後期、上級の3レベル3冊の教材となっています。上級は、教材の他に生のデータと記事などの資料を併せて使っていただくようになっています。

出版物としてまとめる段階で、佐々木倫子先生に貴重なアドバイスをいただきました。この教材を使った授業において、学習者とのインタラクションを通して「学習者は非常に大きな可能性を持っている」ことに改めて気付かされ、教師の役割を捉えなおす機会となりました。

改訂版の出版から間もなく10年を迎えるにあたり、グラフデータを主としてアップデートを行い、新訂版を出すことになりました。編集を担当してくださったスリーエーネットワークの田中綾子さん、中川祐穂さんに深く感謝いたします。

著者一同

この本を使う方へ

Ⅰ．概要

【目的】

この教材で、学習者は自国・自分自身のことについて他国（日本など）との比較を通して意識的に捉えなおし、自分の国のことや自分の考えを日本語で発信できるようになることを目標として授業活動を行います。現代日本の事情はそのきっかけとして提供しています。

一連の活動のプロセスで次のような「調査発表のための日本語運用力」を養うのが本書の目的です。

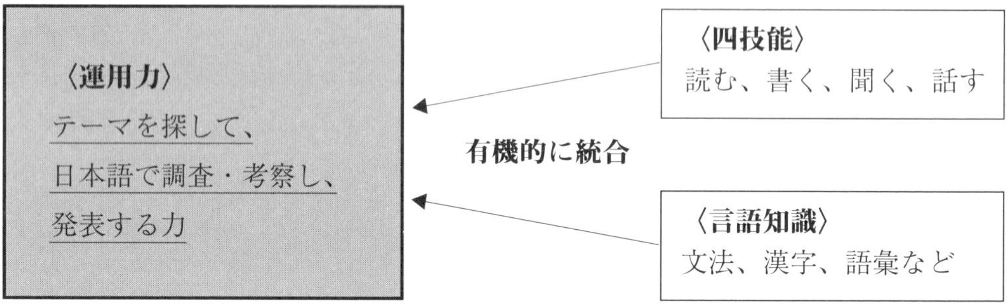

【トピックについて】

初期段階ではトピックについて広く浅く情報入手や情報交換を行い、段階を追って学習者が各自のテーマを探って調査発表を実施していきます。学習者の背景や興味・専門は多様であると予想されるので、国を越えて共有できる今日的話題であり且つ多様な側面を包括したものを選ぶようにしました。この本では「教育」「言葉」「コミュニケーション」「昔話」「住宅」の５つを取りあげています。

【対象者】

中級前期を終了した段階で調査発表のための日本語運用力を養成したい人。

【本書の構成】

各トピック：詳しくは次の項を見てください。

調査・発表のための手引き：

１．グラフの読み方

早い段階でグラフの読み方・説明の仕方を練習する。各トピックで、情報を得たり、調査結果を発表するときにグラフを使う。

２．文体

音声言語と文字言語の違いに注目する。原稿を書く際、特に意味がある場合以外は、文体を統一するよう指導する。

３．アンケート調査

１）アンケート調査計画

アンケート調査を行うときの方法や手順の参考にする。

2）アンケートシートの例
学習者が自分のテーマに沿ってシートを作る際の参考にする。
3）アンケートのしかた
アンケートを実施する際の手順と表現を学ぶ。
4）アンケート調査の発表
まず、アンケート調査の導入時に示して、学習者が活動の流れを把握し構成を考えるための参考とする。アンケート実施後、学習者はこの資料を参考にして、調査した結果を伝えられるようにまとめ、発表の表現を学ぶ。

4．インタビュー調査
1）インタビュー調査計画
インタビュー調査を行うときの方法や手順の参考にする。
2）インタビューの例
インタビューの内容を考えるときの参考にする。
3）インタビューのしかた
インタビューを実施する際の手順と表現を学ぶ。
4）インタビュー調査の発表
学習者はこの資料を参考にして、調査した結果を伝えられるようにまとめ、発表の表現を学ぶ。

5．文献調査
1）文献調査計画
文献調査を行うときの方法や手順の参考にする。
2）文献調査のしかた
文献調査を実施する際の手順と方法を学ぶ。
3）文献メモの例
文献についてまとめる際の参考にする。
4）文献調査の発表
学習者はこの資料を参考にして、調査した結果を伝えられるようにまとめ、発表の表現を学ぶ。

6．評価表
教師が評価をするときの目安にする。また、個々の活動に入る前にこの表を学習者に示すと、注意点やポイントを伝えることができる。
1）アンケート調査発表評価
2）インタビュー調査発表評価
3）文献調査発表評価
4）文集作り評価

【各トピックの構成と目的、養成されるスキル】

新しいトピックに入るときに、活動の流れとそれによって養成される運用力について学習者が理解しておくよう、教師から学習者に説明します。

例1：導入 → グラフ情報 → 読み物 → アンケート調査 → 口頭発表

例2：導入 → グラフ情報 → 読み物 → 書物などの調査 → 文集作り

また、調査発表に入る前に使用するシート類を見せながら手順を説明し理解を促します。

〈はじめに〉 各トピックの導入部。トピックに関連して、知っていること、知りたいことなどについて話し合う。トピックを身近に感じ、続く活動の動機づけとする。	・ディスカッション

▼

〈情報１：グラフ〉 グラフを理解し、内容を説明する。 「調査・発表のための手引き」の「グラフの読み方」を使い、前もって練習しておく。 トピックに関して広く一般情報を得る。（学習者間で共通の情報）	・グラフを読む ・グラフを説明する ・説明を聞く

▼

〈情報２：読み物〉 トピックのある側面を取りあげた文章から情報を得る。（学習者間で共通の情報）	・精読 ・関連語彙の習得 ・表現の習得

▼

〈調査発表〉

これまで得た情報を基にして、個人またはグループで各自のテーマを絞り、調査発表を行う。

①日本語で調査する（次のいずれか）

- アンケート
- インタビュー
- 文献調査など

②発表の準備をする

- 原稿を書く
- グラフなどの視覚資料を作る

③発表する（次のいずれか）

- 口頭発表と質疑応答
- 文集作り

学習者が主体的に動き、教師はその活動をサポートする。調査発表には日本人の参加や協力を得るとよい。

- アンケート調査
  - シート作成
  - 実施
  - 結果考察
- インタビュー調査
  - 質問・聞き取り
  - まとめ
- 文献調査
  - 資料探し
  - 結果考察
- 原稿作成
- 発表（口頭または文章）
- 質疑応答
- 文集作成など
- フィードバック

【学習者と教師】

「読み物」までは一斉授業ですが、「調査」「発表」の段階では学習者一人一人の目的や興味に合った個別のテーマ・内容で授業が進められます。教師は前面から裏方に移行し学習者のサポートをします。教師の役割は学習者が自律的な取り組み方を伸ばせるよう指導することです。

＜はじめに＞

▼

＜情報１：グラフ＞

▼

＜情報２：読み物＞

▼

＜調査＞

▼

▼

＜発表＞

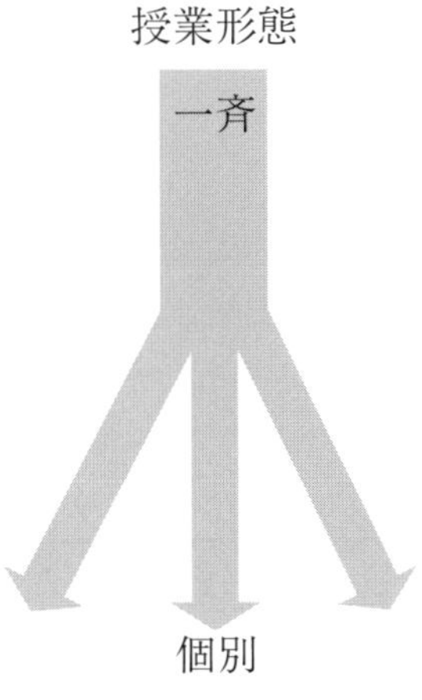

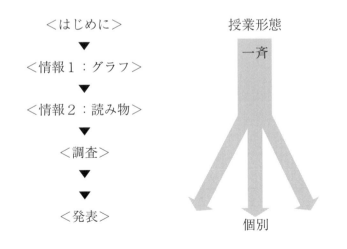

Ⅱ. コーススケジュール

【時間数の目安】

1 トピック：15 ～ 21 時間

【コーススケジュールの例―①教育―】

太枠内が『新訂版トピックによる日本語総合演習 テーマ探しから発表へ』の部分です。

日数	1 時限 9：00 ～ 9：50	2 時限 10：00 ～ 10：50	3 時限 11：00 ～ 11：50	4 時限 12：00 ～ 12：50	予習など
1 日目	漢字、ショートスピーチ、外来語、など	文 法	* グラフの読み方 はじめに		クラスに臨む前に予習をする
2 日目		速 読	情報 1：グラフ 情報 2：言葉		
3 日目		聴 解	情報 2：表現		
4 日目		作 文	情報 2：読み物		
5 日目		会 話	アンケート調査の導入（アンケート調査と発表の方法について説明、テーマ決定） *アンケート調査計画 *アンケート調査の発表 *アンケートシートの例 アンケートシート作成		
6 日目		文 法	アンケートシート完成		
7 日目		速 読	*アンケートのしかた アンケート実施		
8 日目		聴 解	*アンケート調査の発表 アンケート調査のまとめ		
9 日目		作 文	原稿書き、発表準備・練習 *アンケート調査の発表		
10 日目		会 話	発表		
11 日目		文 法		フィードバック	

* 巻末の「調査・発表のための手引き」より

Ⅲ．進め方の例「①教育」

ここでは「①教育」を事例として進め方を紹介します。授業の進め方は、そのときの学習者の日本語力や興味などによって一様ではありません。この例を参考にしながら、個々の状況に合わせて授業を組み立ててください。

【１日目（約２時間）】

●授業の目的と進め方の説明

授業の目的および各課の構成部分の目的（「**Ⅰ．概要**（p.(2)）」参照）を説明し、最終的には調査発表を行うことを学習者に理解してもらいます。

●グラフの説明の練習

「**調査・発表のための手引き**（以下「**手引き**」と呼ぶ）」の「**グラフの読み方**（p.97）」を参考にしてグラフを説明する練習をします。多少時間がかかりますが、今後の活動のために必須です。（1つ目のトピックだけで練習します。）

●トピック「教育」の導入

トピックが教育であることを伝え、「**はじめに**（p.3）」のページの指示に従って、「教育」について自由に発言させます。個人的経験を中心にすると発言が出やすく、トピックを自分自身の問題として捉えられるようになります。

教師は学習者がことばに詰まったときに補助したり、全員が均等に発言できるように質問を向け、重要な語句は板書します。次に、「**はじめに**」に示した関連語彙を確認しながら更に意見を引き出していきます。語彙は、学習者の日本語力と興味によって適宜追加省略します。

学習者からは「親に叱られたことがない」「高校ではいろいろな選択授業があった」「親の意思に反して大学に進学した」「親の助言で専攻を決めた」「日本の大学生はあまり勉強していないようだ」などの発言が出るので、国による違いなどに注目し、意見を出し合うことによってトピックに興味を持ってもらいます。

【２日目（約２時間）】

●「グラフなど」を読む（p.4～p.9）

「**情報1**」のグラフを学習者に説明させ、そこから何がわかるか考えさせます。各国の教育制度について互いに紹介すると、違いが明らかになり、お互いに興味を持ち活発に質問し合うのでそのための時間をとります。

●「読み物」の語彙の学習（p.16～p.17）

「**言葉**」は予習が前提になっているので、一通り発音を確認します。使用に注意を要する語や辞書だけではわかりにくい語については例文がついていますが、教師が意味や用法を確認します。動詞は、助詞の使い方にも注意を促します。ペアを組ませ一人が語句の説明をして、もう一人がその語を言い当てるゲームをし、語の確認をするという方法もあります。

【3日目（約2時間）】

● **「読み物」の表現の学習**（p.13〜p.15）

教師が表現を説明した後、例文を読み、短文完成に移ります。各自作成した文を口頭で発表させます。口頭ではできていても表記すると間違えることが多いので、必ず書いたものを提出させて教師が確認します。

【4日目（約2時間）】

● **「読み物」を読む**（p.10〜p.12）

1．各自黙読してから、大まかな内容質問をして学習者が大意をつかんでいるかどうか確認します。

2．もう一度文章の最初から次のような細かい点に気をつけて1文ずつ読んでいきます。
・主語の抜けている文
・指示詞、指示語の確認

3．本文についての問題をします。
授業では答えを口頭で言わせますが、答えは必ず書いて提出させます。
質問 2． 3）は原則として自由解答です。

【5日目（約2時間）】

●**アンケート調査の導入と説明**

教科書の「**アンケート調査の流れ**（p.19）」を見せて、アンケート調査の流れを説明し事前の準備とします。「**手引き**」の「**アンケート調査の発表**（p.104）」と「**アンケート調査発表評価**（p.117）」で、ポイントや注意点の概略を説明します。発表は5分位を目安として原稿をまとめるように指示します。（1200字位）

●**テーマ探しと決定**

1．グラフ、読み物などから今までに得た情報を基礎に、アンケート調査のテーマとして考えられる題材を出し合います。

2．学習者が思いつくままに挙げた項目を教師が板書して「このテーマについて、アンケートでどのようなことが考えられるか」など質問しながらアンケート調査を具体的なものにしていきます。ここではテーマを深く追求することはせず、挙げられた項目について学習者に各自調査の可能性を考えさせます。

3．学習者は授業時間内に自分のテーマを決定し、教師は同じテーマに集中しないように調整します。クラスの規模や学習者の希望によっては共同発表も考えられます。過去に学習者が選択したテーマには次のようなものがありました。自国・自分の紹介、日本・日本人との比較が多く見られました。
「インターネット教育について」「幼稚園」「塾」「登校拒否」「両親の影響」「高校生活」「専攻の決め方」

●**アンケート調査の計画**

学習者の考えた「**アンケート調査計画**（p.100）」について、教師が個別に助言をします。この作業はこの日のポイントです。

●**アンケート作成についての説明**

「**手引き**」の「**アンケートシートの例**（p.101）」を見せ、これに従って各自作成することを宿題にします。作成にあたっては次のような注意点を挙げます。

・アンケートの対象者を絞る。（誰に）
・目的を明確にし、結果を予想しながら一貫性のある質問項目を考える。（何を）
・自由回答形式はまとめる際手間がかかるので避ける。また、自分が回答する立場に立ってみて答えやすい質問を考える。（どのような）

【６日目（約２時間）】

●**アンケートシート作成指導（個別指導）**

一人ずつ個別にアンケートシート作成のアドバイスを行います。
注意点が守られていないもの、質問の意図がわかりにくいもの、結果のまとめが困難になりそうなものについては適宜アドバイスをします。
他の学習者たちは、各自原稿の導入部分（アンケートの目的など）を書き始めます。

【７日目（約２時間）】

●**アンケートの仕方の練習**

アンケート実施にあたり、「**手引き**」の「**アンケートのしかた**（p.103）」で頼み方の表現をペアワークなどで練習しておきます。

●**アンケートシート完成および実施（個別指導）**

各自約20人分のアンケートシートを用意して、次の日までにアンケートを取ってくるように、学習者に指示します。
この事例の場合は大学のキャンパス内で行いましたが、対象者によっては駅前、繁華街、その他特定の場所に出向いて実施することもあります。特定の場所に行くことがわかっている場合は、教師が前もって先方に依頼しておきます。街頭で行う場合は協力的でない人も多いので、そのことを事前に学習者に伝えておいた方がいいでしょう。

【８日目（約２時間）】

●**集計（個別指導）**

アンケートの集計を行い、データの相関に注意しながら分析させ、特に注目すべき結果を見つけ出すよう、コメントしていきます。

●**原稿を書く（個別指導）**

学習者は、「**手引き**」の「**アンケート調査の発表**（p.104）」を参考に発表の構成を考え、原稿を書き進めます。

【9日目（約２時間）】

●原稿を完成する（個別指導）

教師は、構成についてのアドバイスをし、文法、語句の間違いを直します。できるだけ学習者の意思を尊重しその思考に沿うように指導します。原稿に難しい語句が多いと学習者は発表のときに下を向いたまま原稿を読んでしまうので、学習者の書いた文を生かすようにして直すほうがいいでしょう。

●グラフ、図の作成（個別指導）

視覚資料を作成させます。この際、適切なグラフになっているかどうかをチェックします。

●発表の仕方

「**手引き**」の「**アンケート調査発表評価**（p.117)」を再度確認し、発表のときの注意点を挙げます。時間があれば個別に発音指導を行います。

【10日目（約２時間）】

●発表

当日は日本人学生など外部から人をビジターとして招き、質疑応答に参加してもらうことが望ましいでしょう。

簡単なコメントシートを作って全員に配布して記入してもらい、後で発表者に渡します。

教師は「**アンケート調査発表評価**（p.117)」に従って評価します。評価表の「4　3　2　1　0」は、その項目が4点満点であることを示します。「④　3　2　1　0」または「4　3　②　1　0」のように各項目を評価して、合計を下に記入してください。

録画してフィードバック時に見せるとより効果的です。

【11日目（約１時間）】

●フィードバック

アンケートの取り方、原稿のまとめ、発表の仕方について、よかった点、改善したい点を学習者に考えさせます。教師は重要なポイントをまとめます。

本書を使う際に役立つ資料（ワークシートなど）が、
スリーエーネットワークのホームページにあります。
https://www.3anet.co.jp/np/books/4912/

目次《もくじ》

凡《はん》例《れい》

N	名詞《めいし》	机、本　etc.
Na	な形容詞《けいようし》（普通形《ふつうけい》）	元気だ、元気じゃない、 元気だった、元気じゃなかった
Na- 　Na- な 　Na- で	な形容詞（語幹《ごかん》） な形容詞（名詞修飾形《しゅうしょくけい》） な形容詞（て形《けい》）	元気 元気な 元気で
A	い形容詞（普通形）	新しい、新しくない、新しかった、 新しくなかった
A- 　A- い 　A- くない 　A- た 　A- くて	い形容詞（語幹） い形容詞（辞書形《じしょけい》） い形容詞（否定形《ひていけい》） い形容詞（た形） い形容詞（て形）	新し 新しい 新しくない 新しかった、新しくなかった 新しくて
V	動詞《どうし》（普通形）	読む、読まない、読んだ、 読まなかった 食べる、食べない、食べた、 食べなかった
V- 　V- る 　V- ない 　V- た 　V- て 　V- ば	動詞（ます形） 動詞（辞書形） 動詞（ない形） 動詞（た形） 動詞（て形） 動詞（ば形）	読み、食べ 読む、食べる 読まない、食べない 読んだ、読まなかった、食べた、 食べなかった 読んで、食べて 読めば、食べれば
S	文、節《せつ》（普通形）	

1

教育《きょういく》

Ⅰ．はじめに

Ⅱ．情報《じょうほう》１：グラフなど

Ⅲ．情報２：読み物

「父の寺子《てらこ》屋式《やしき》教育」

Ⅳ．調査発表《ちょうさはっぴょう》：アンケート

I. はじめに

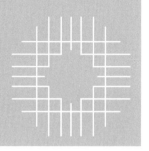

●話し合ってみましょう（下の言葉《ことば》を参考《さんこう》にしてください）

1．これまでに受《う》けた教育《きょういく》について紹介《しょうかい》してください。

2．あなたは家でどんなことを教えられましたか。印象《いんしょう》に残《のこ》っていることを話し合ってみましょう。

〈学校〉

1．下の［　　　］から正しい言葉を選《えら》んで（　　　）に入れてみましょう。

1）日本の教育は6（　　　）3制《せい》

2）日本は小学校、中学校が（　　　）教育

3）日本の学校は国立、（　　　）立、（　　　）立

4）学校に入るための試験は（　　　）試験

5）試験を受けることは（　　　）

6）学校のきまりは（　　　）

公《こう》、私《し》、受験《じゅけん》、3、校則《こうそく》、入学、義務《ぎむ》

2．学校に関係《かんけい》のある言葉

進路《しんろ》　単位《たんい》　専攻《せんこう》　部活《ぶかつ》　塾《じゅく》

〈家庭《かてい》〉

しつけ　習い事《ごと》　家庭教師《きょうし》

〈その他《た》〉

知識《ちしき》　生涯教育《しょうがい》　社会人入学

不登校《ふとうこう》　いじめ

答え　1．1）3　2）義務　3）公、私　4）入学　5）受験　6）校則

Ⅱ. 情報《じょうほう》1：グラフなど

グラフからどんなことがわかりますか。説明して話し合いましょう。

☞p.97「グラフの読み方」

A　日本の学校教育制度《きょういくせいど》

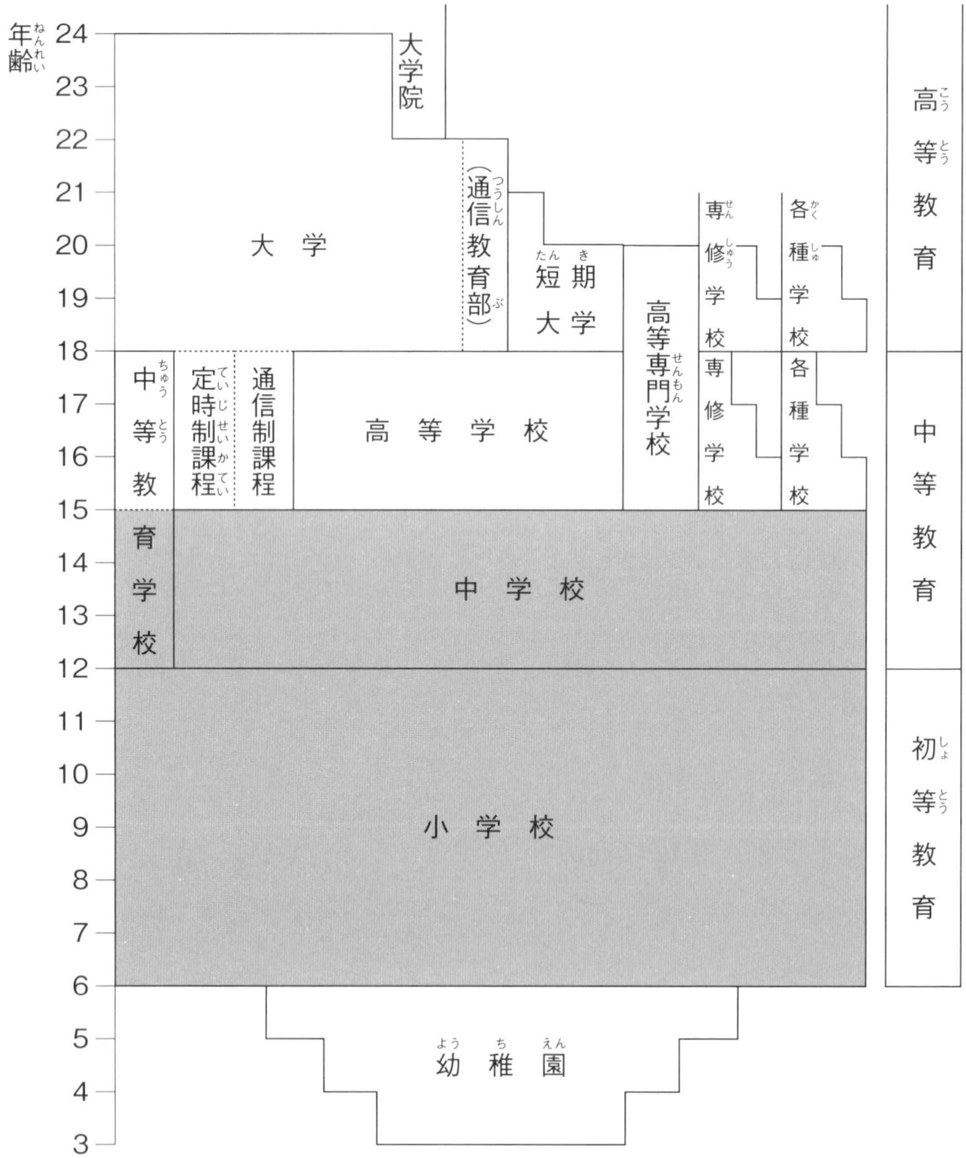

（注）▭ 部分《ぶぶん》は義務《ぎむ》教育を示《しめ》す。

（文部科学省《もんぶかがくしょう》「諸《しょ》外国の教育統計《とうけい》　平成《へいせい》29年版《ばん》」2017年に基《もと》づく）

B-1　初等教育《しょとうきょういく》での教員1人当《あ》たりの児童数《じどうすう》

（単位《たんい》：人）

ネパール（2016）	22.4
ベトナム（2015）	19.2
フランス（2013）	18.2
イギリス（2014）	17.4
韓国《かんこく》（2014）	16.5
日本（2014）	16.4
中国（2015）	16.3
アメリカ（2014）	14.5
ドイツ（2015）	12.2
226の国、地域平均《ちいきへいきん》	23.4

（国際連合統計局《こくさいれんごうとうけいきょく》「世界統計年鑑《ねんかん》60集」2017年に基《もと》づく）

B-2　1学級《がっきゅう》当たりの人数《にんずう》国際比較《ひかく》－公立《こうりつ》学校－

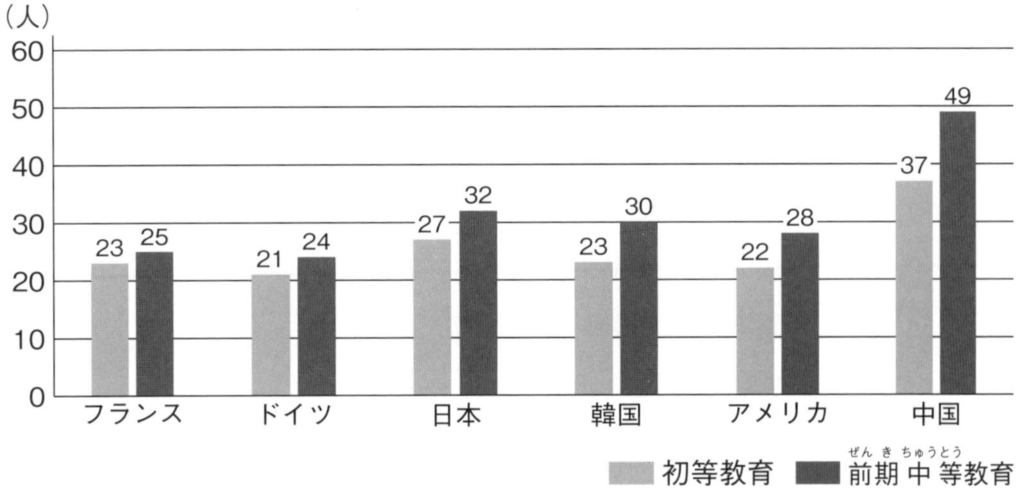

（Education at a Glance 2017：OECD Indicators に基づく）

C　高校卒業《そつぎょう》者数《すう》と大学進学率《りつ》

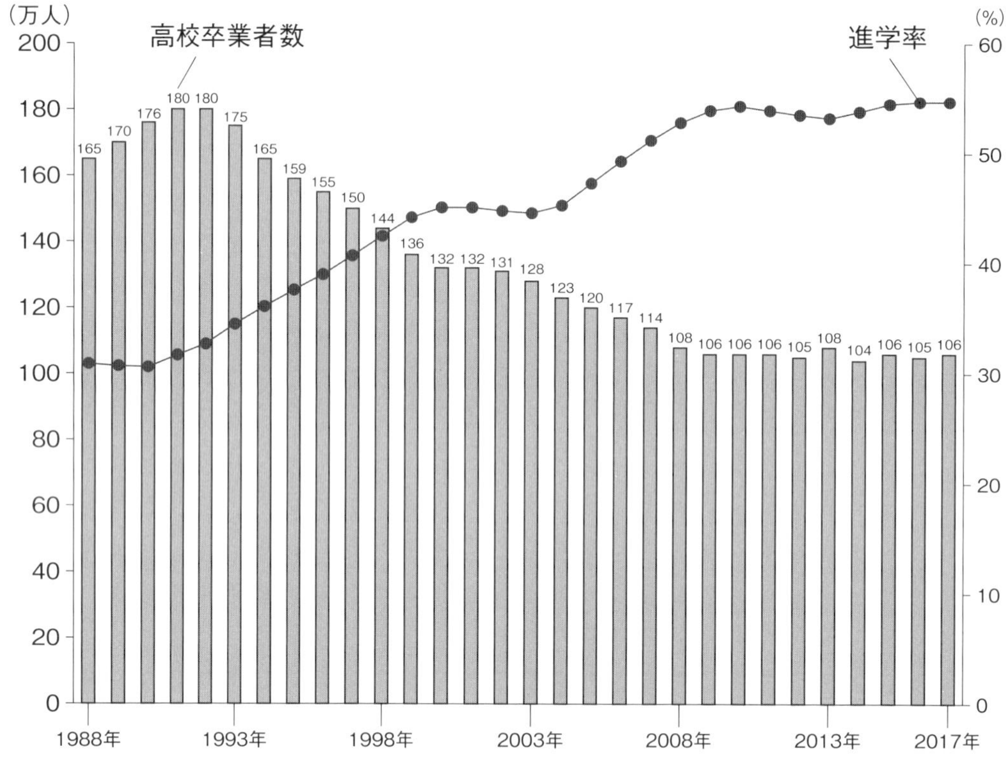

（文部科学省《もんぶかがくしょう》「学校基本調査《きほんちょうさ》」1988-2017年に基《もと》づく）

D　入学した大学・学部《がくぶ》の志望理由《しぼうりゆう》

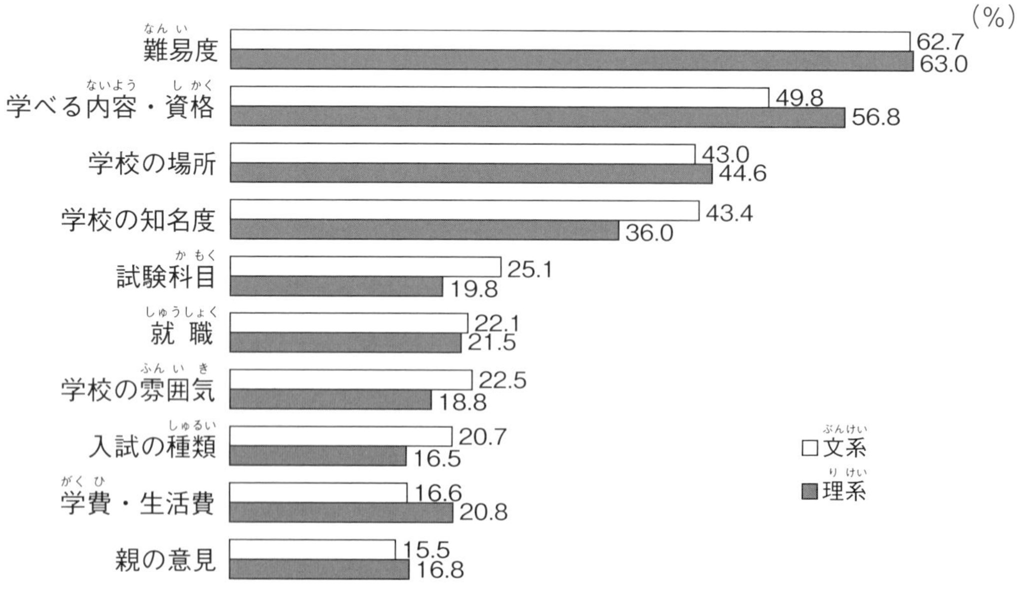

対象《たいしょう》者数：761人

（株式《かぶしき》会社ディスコ「大学進学と就職に関《かん》する調査」2017年に基づく）

E　子供《こども》の習い事《ごと》ランキング

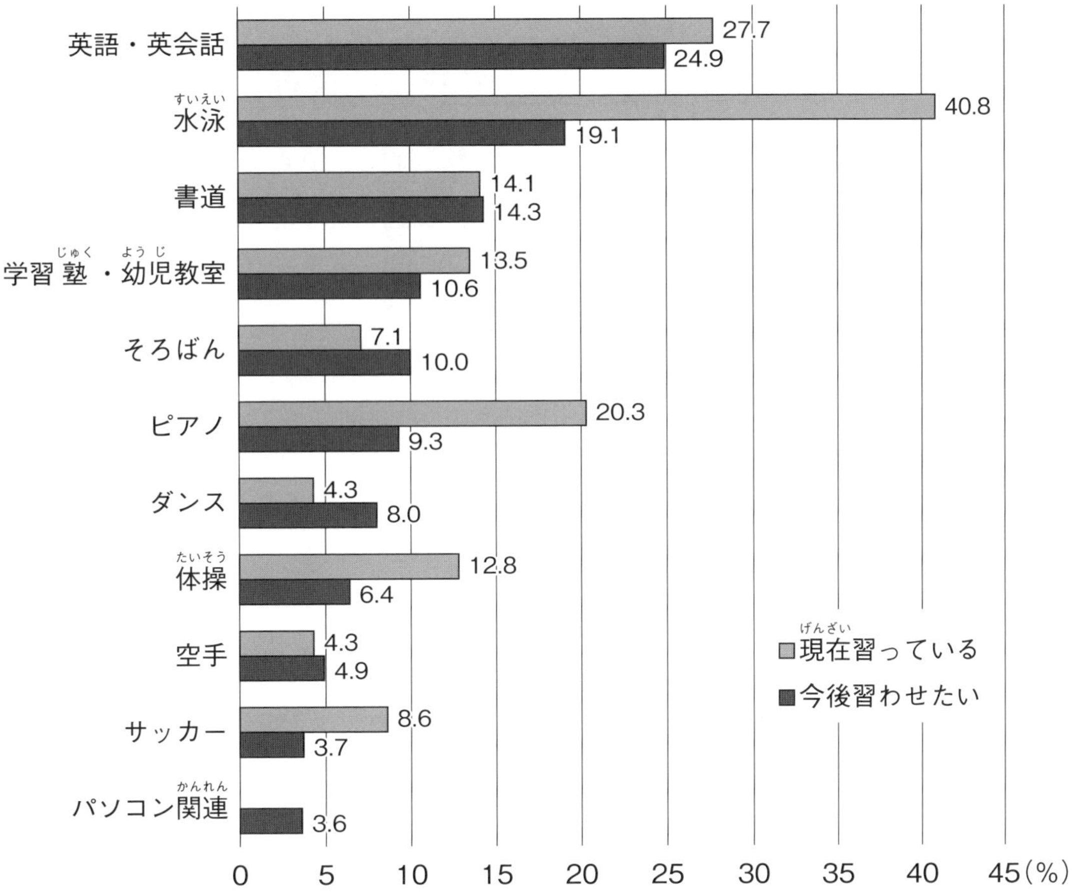

対象《たいしょう》者：小学生以下の子供を習い事に通わせている親 927 人
（株式《かぶしき》会社リクルートマーケティングパートナーズ『ケイコとマナブ』「子どもの習い事ランキング」
2017 年に基《もと》づく）

F-1　日本からの海外留学《りゅうがく》

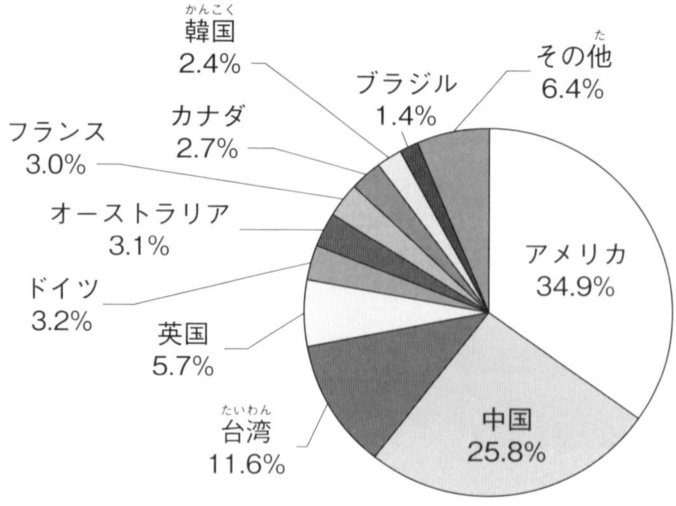

対象《たいしょう》者数《すう》：54,676人
（内閣府《ないかくふ》「平成《へいせい》29年版《ばん》子供《こども》・若者《わかもの》白書」2018年に基《もと》づく）

F-2　日本への留学生

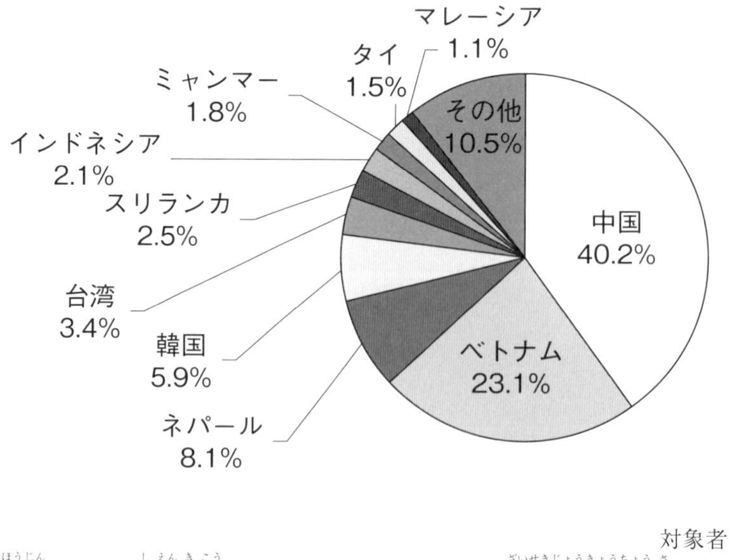

対象者数：267,042人
（独立行政法人《どくりつぎょうせいほうじん》日本学生支援機構《しえんきこう》「平成29年度外国人留学生在籍状況調査《ざいせきじょうきょうちょうさ》」2017年に基づく）

G　子供《こども》の将来《しょうらい》への期待《きたい》　国際比較《こくさいひかく》

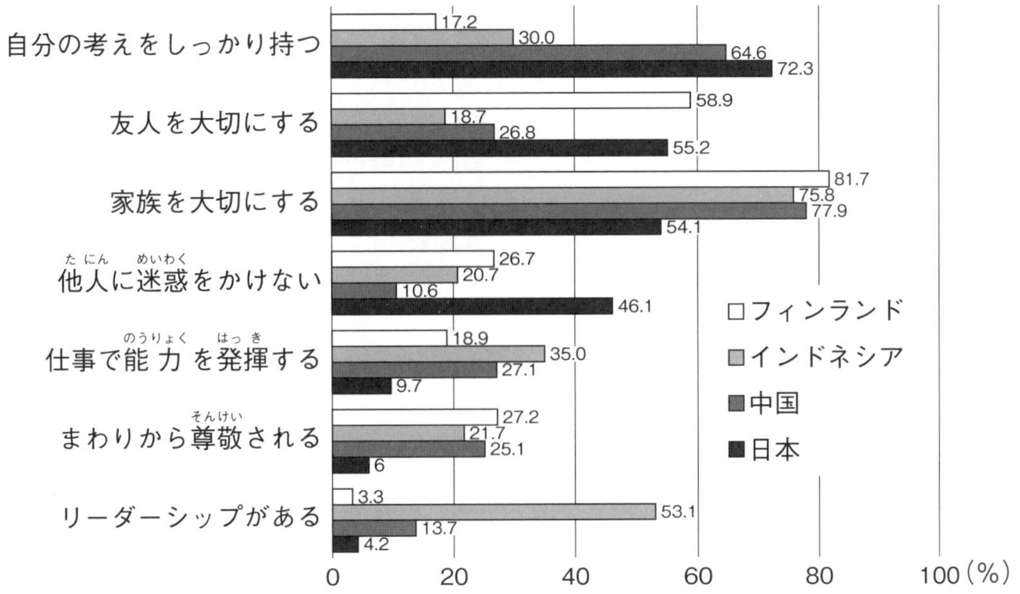

対象《たいしょう》者：4～6歳《さい》の子供がいる母親

（ベネッセ教育総合《きょういくそうごう》研究所「幼児期《ようじき》の家庭《かてい》教育国際調査《ちょうさ》速報版《そくほうばん》P.11」2018年に基《もと》づく）

H　幼稚園《ようちえん》から大学までの学習費総額《ひそうがく》

	学習費総額					合計
	幼稚園	小学校	中学校	高校	大学	
すべて国公立《こっこうりつ》	682,117	1,934,173	1,433,090	1,351,336	2,486,300	7,887,016
すべて私立（文系《ぶんけい》）	1,445,385	9,164,628	3,979,521	3,109,805	3,270,179	20,969,518
すべて私立（理系《りけい》）	1,445,385	9,164,628	3,979,521	3,109,805	4,542,448	22,241,787
すべて私立（医歯系《いしけい》）*	1,445,385	9,164,628	3,979,521	3,109,805	12,600,446	30,299,785

（円）

*大学は6年間として計算《けいさん》

（文部科学省《もんぶかがくしょう》「平成《へいせい》28年度 子供の学習費調査」、
「私立大学等《とう》の平成28年度入学者に係《かか》る学生納付《のうふ》金等調査結果《けっか》について」2017年に基づく）

Ⅲ. 情報《じょうほう》２：読み物

●「父の寺子屋式教育」
●「父の寺子屋式教育」を読んで
●表現
●言葉

●「父の寺子屋式教育《てらこやしききょういく》」

父は、寺子屋式マンツーマンでわたしを教育してくれました。自由人《じゆうじん》で「何もかもみんなと同じようにする学校教育は嫌《きら》いだ」という考えでしたから、わたしは小学校までで、中学校は行っていません。

「夕焼《ゆうや》けはなぜ赤い」。小学校三年のとき、理科《りか》の試験でそんな問題が出たことがあります。父に聞いていた通り「空が恥《は》ずかしがってるから」と書いたら、バツがついて返《かえ》ってきました。「どうしてうそを教えたの」と聞くと、父は急に不機《ふき》嫌《げん》になって「どちらもうそじゃない。考えて出す答えはいくつもあっていい。君《きみ》、○×で決《き》めてしまうのが人生じゃないんですぞ」と言いました。

戦争《せんそう》中、学校に出す日記で「銃後《じゅうご》（男の人が戦地に行った後）を守《まも》る、うれしい汗《あせ》」と書いたら、父が言いました。「何だ、この大うその日記は」。「学校では都合《つごう》が悪いんだもん」と言うと「君、それは処世術《しょせいじゅつ》だね。じゃあ、日記を二冊《さつ》つけなさい。一冊は正直《しょうじき》に書く。一冊は提出《ていしゅつ》用。後で読み比《くら》べてごらん、人《にん》間《げん》ってどのくらいうそをつけるかわかる」。それで、日記を二種類《しゅるい》つけることになりました。

父と学んでいて楽しかったのは国語でした。源氏物語《げんじものがたり》をあれこれ考えながら話しことばに訳《やく》したり、旅行に行って父のあぐらの上に座《すわ》って、床《とこ》の間《ま》のかけ軸《じく》を思いつきで読んだり。

理数《りすう》科がダメで「なんで九九《くく》がわからんか」と言われたことがあります。でも「ダメなところばかり考えると、悲劇《ひげき》のヒロインになる。悲劇は君には似合《にあ》いませんぞ。好きなものを一生懸命《いっしょうけんめい》やればいい。好きなものは信《しん》じられないくらいやれる。掛《か》け算《ざん》が苦手《にがて》だって、足《た》し算をいくつもいくつも重《かさ》ねれば答えが出る」と言ったのを覚《おぼ》えています。

そんな寺子屋《てらこや》も、十七、八歳《さい》で終わりました。父は皮肉《ひにく》をこめて言いました。「どうも、近ごろ、君《きみ》にはほかの教師《きょうし》がいるらしいな。音楽は、神津善行《こうづよしゆき》とかいう青年が現《あらわ》れてから、ほかの人の言うことは耳に入らない。寺子屋は卒業《そつぎょう》して、社会の風に吹《ふ》かれて慣《な》れなさい」。それでも、孫《まご》に対《たい》して「幼稚園《ようちえん》、休んでしまえ」と連《つ》れ出して車で東京中の煙突《えんとつ》を見せて回っていました。

父に教《おそ》わったことの中で一番《いちばん》大切だったのは、夕焼《ゆうや》けの問題のときの「答えはひとつじゃない、それが人生」という発想《はっそう》だったかもしれません。今日はダメだったけど、あすはちょっと違《ちが》うシナリオを書いてみようかな、という余裕《よゆう》が持てました。それがなかったら、役者《やくしゃ》の仕事と、妻《つま》や母であることとの両立《りょうりつ》も難《むずか》しかったと思います。

（中村メイコ「学校を嫌《きら》い、寺子屋式教育《しききょういく》」朝日新聞1996年12月2日に基《もと》づく）

中村メイコ

1934年生まれ。二歳でデビュー、テレビドラマや司《し》会《かい》、舞台《ぶたい》で活躍《かつやく》。父は作家中村正常《まさつね》氏《し》。作曲《さっきょく》家神津善行氏は夫《おっと》。

寺子屋

●「父の寺子屋式教育《てらこやしききょういく》」を読んで

1．次《つぎ》の文を読んで、本文の内容《ないよう》と合っているものには○を、違《ちが》っているものには×を（　　）の中に入れてください。

1）（　　）　中学に行かなかったのは、筆者《ひっしゃ》が学校教育が嫌《きら》いだったからだ。

2）（　　）　父親は「空が恥《は》ずかしがっているから」というのもひとつの答えだと考えていた。

3）（　　）　筆者は「正直《しょうじき》に書く日記」もつけることになった。

4）（　　）　父親は「好きなことを一生懸命《いっしょうけんめい》やればいい」と言った。

5）（　　）　寺子屋を卒業《そつぎょう》したので、音楽は神津善行《こうづよしゆき》さんに習った。

6）（　　）　父親に教《おそ》わった発想《はっそう》は、筆者の人生でとても役《やく》に立っている。

2．次の質問に答えてください。

1）筆者の父親は学校教育に対《たい》してどのように考えていますか。

2）筆者が父親に教えてもらったことの中で、一番《いちばん》心に残《のこ》っているのはどんなことですか。

3）あなたが今まで教わったことの中で、一番大切に思っているのはどんなことですか。

表現《ひょうげん》

1．〜た通り

1）思ったた通り、この学校の日本語コースはすばらしい。

2）友達《ともだち》が教えてくれた通り、美術《びじゅつ》館は駅のすぐそばにあった。

3）医者が言った通りにしたが、なかなか治《なお》らなかった。

4）来日前に聞いていた通り、日本は＿＿＿＿＿＿＿＿＿＿＿＿＿＿＿＿。

5）説明書に書いてあった通りにやってみたが、＿＿＿＿＿＿＿＿＿＿＿＿。

6）＿＿＿＿＿＿＿＿＿＿＿＿＿＿＿＿＿＿＿＿＿＿＿＿た通り、

＿＿＿＿＿＿＿＿＿＿＿＿＿＿＿＿＿＿＿＿＿＿＿＿＿＿＿＿。

●父に聞いていた通り「空が恥《は》ずかしがってるから」と書いた。

解説《かいせつ》【V- た】通り…
⇒【V- た】ことと同じように「…」。

2．〜ことになる

1）「四月から東京支店《してん》で働くことになりました。どうぞよろしくお願《ねが》いいたします」

2）ミーティングは、木曜日の午後二時から開くことになった。

3）出張《しゅっちょう》で、明日急に沖縄《おきなわ》へ行くことになった。

4）土曜のパーティーは、＿＿＿＿＿＿＿＿＿＿＿＿＿＿＿＿ことになった。

5）話し合いの結果《けっか》、＿＿＿＿＿＿＿＿＿＿＿＿＿＿＿＿ことになった。

6）＿＿＿＿＿＿＿＿＿＿＿＿＿＿＿＿＿＿＿＿＿＿ことになった。

●それで、日記を二種類《しゅるい》つけることになりました。

解説【V- る／V- ない】ことになる
⇒【V- る／V- ない】ことが決《き》まる。

3．～ばかり～と

1）インスタント食品ばかり食べていると、体によくない。

2）パソコンばかり使っていると、漢字が書けなくなる。

3）食料を輸入《ゆにゅう》ばかりに頼《たよ》ると、国内《こくない》の生産力が弱くなる。

4）遊《あそ》んでばかりいると、＿＿＿＿＿＿＿＿＿＿＿＿＿＿＿＿。

5）＿＿＿＿＿＿＿＿＿ばかり話していると、＿＿＿＿＿＿＿＿＿＿。

6）＿＿＿＿＿＿＿＿＿＿＿ばかり＿＿＿＿＿＿＿＿＿＿＿＿と、

＿＿＿＿＿＿＿＿＿＿＿＿＿＿＿＿＿＿＿＿＿＿＿＿＿＿＿＿＿。

●ダメなところばかり考えると、悲劇《ひげき》のヒロインになる。

解説【N】ばかり【V-る／V-ている】と…

【V-て】ばかりいると…

⇒あることをしすぎた場合、よくない結果《けっか》になる。非難《ひなん》、忠告《ちゅうこく》の意味がある。

4．どうも～らしい

1）朝から頭が痛《いた》くてせきが出る。どうも風邪《かぜ》をひいたらしい。

2）車が急に止まる音がして、その後救急《きゅうきゅう》車がやってきた。どうも交通事故《こうつうじこ》らしい。

3）父はさっきからずっと黙《だま》っている。どうもわたしの留学《りゅうがく》に反対《はんたい》らしい。

4）＿＿＿＿＿＿＿＿＿＿＿＿＿＿＿。どうも道を間違《まちが》えたらしい。

5）小川《おがわ》さんはこのごろ口数《くちかず》が少ない。どうも＿＿＿＿＿＿＿＿＿＿＿

らしい。

6）＿＿＿＿＿＿＿＿＿＿＿＿＿＿＿＿＿＿＿＿＿＿＿＿＿＿＿＿＿。

どうも＿＿＿＿＿＿＿＿＿＿＿＿＿＿＿＿＿＿＿＿＿＿＿＿らしい。

●どうも、近ごろ、君《きみ》にはほかの教師《きょうし》がいるらしいな。

解説 どうも【S】らしい　　注）【N だ】、【Na だ】

⇒はっきりはわからないが、そうではないかと思う。

5．～とかいう～

1）「お帰りなさい。さっき村田さんとかいう人から電話があったよ」

2）ジョンさんは『源氏物語《げんじものがたり》』とかいう日本の古い小説を研究するために日本に留学《りゅうがく》するそうだ。

3）うちの娘《むすめ》はレゲエとかいう音楽に夢中《むちゅう》になっている。

4）「駅の前にできた＿＿＿＿＿＿＿＿＿とかいう＿＿＿＿＿＿＿＿にもう行きましたか」

5）昔《むかし》、京都へ行ったときに泊《と》まった＿＿＿＿＿＿＿＿とかいうホテルの＿＿＿＿＿＿＿＿＿＿はすばらしかった。

6）＿＿＿＿＿＿＿＿＿＿＿＿＿＿＿＿＿＿＿＿＿＿＿＿とかいう＿＿＿＿＿＿＿＿＿＿＿＿＿＿＿＿＿＿＿＿＿＿＿＿＿＿＿＿。

●音楽は、神津善行《こうづよしゆき》とかいう青年が現《あらわ》れてから、ほかの人の言うことは耳に入らない。

解説【N_1】とかいう【N_2】

⇒【N_1】という【N_2】と置《お》き換《か》えられる。話し手が【N_1】をよく覚《おぼ》えていない場合に使う。あまりよくない印象《いんしょう》を持っている場合にも使われる。

●言葉《ことば》

寺子屋	てらこや
～式	しき ・最近《さいきん》、和《わ》式トイレが減《へ》り、洋式トイレが多くなった。
マンツーマン	マンツーマン
自由人	じゆうじん
夕焼け	ゆうやけ
不機嫌（な）	ふきげん ・川田さんは、いやなことがあったようで、不機嫌な顔をしている。
～ぞ	・「お母さんの言うことを聞くんだぞ」「うん」
処世術	しょせいじゅつ
日記（をつける）	にっき（をつける） ・五年前から、わたしは毎日日記をつけている。
正直（な）	しょうじき
提出（する）	ていしゅつ ・「レポートは、今週中に提出してください」
～用	よう ・このごろ、男性《だんせい》用の化粧品《けしょうひん》の種類《しゅるい》が増《ふ》えてきた。
比べる	くらべる ・日本語と韓国《かんこく》語を比べる。 ・日本語をいろいろな言葉と比べる。
（～て）ごらん	・「外を見てごらん。きれいな花が咲《さ》いてるよ」
うそ（をつく）	うそ（をつく）
国語	こくご
源氏物語	げんじものがたり
あぐら	あぐら
床の間	とこのま
かけ軸	かけじく
思いつきで	おもいつきで ・その場の思いつきで言ったアイデアが、後《のち》に商品《しょうひん》化《か》された。
九九	くく
悲劇	ひげき

ヒロイン	ヒロイン
似合う	にあう ・僕《ぼく》のガールフレンドには、スカートよりジーンズがよく似合う。
掛け算	かけざん
足し算	たしざん
重ねる	かさねる ・何度も失敗《しっぱい》を重ねて、やっと成功《せいこう》した。
皮肉	ひにく
（～を）こめる	こめる ・心をこめてセーターを編《あ》んだ。
近ごろ	ちかごろ
孫	まご
幼稚園	ようちえん
煙突	えんとつ
教わる	おそわる ・会社に入ってから、社会人としてのマナーを教わった。
発想	はっそう
シナリオ	シナリオ
余裕	よゆう ・あまり忙《いそが》しすぎると心に余裕がなくなってしまう。
役者	やくしゃ
両立（する）	りょうりつ ・仕事と趣味《しゅみ》が両立する生活《せいかつ》を送りたい。 ・仕事と趣味を両立させるのは大変《たいへん》だ。

Ⅳ. 調査発表《ちょうさはっぴょう》

アンケート

次《つぎ》のようなことについて、調査をして発表してください。

- 入試制度《せいど》
- 就職《しゅうしょく》と大学の専攻《せんこう》
- 授業《じゅぎょう》の進め方
- 試験
- 学生生活《せいかつ》
- 塾《じゅく》
- 校則《こうそく》
- いじめ
- 家庭《かてい》のしつけ
- 生涯教育《しょうがいきょういく》

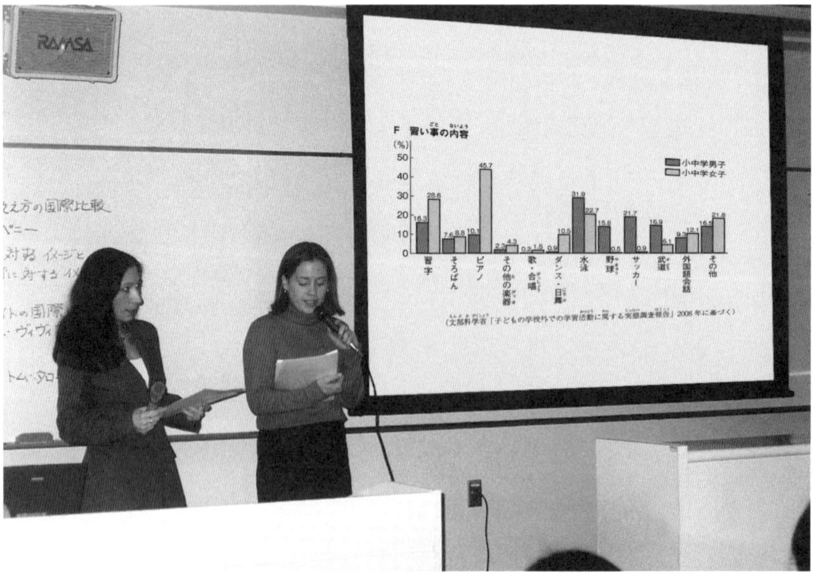

●アンケート調《ちょう》査《さ》の流《なが》れ

【アンケート】

テーマを決定《けってい》し、計画《けいかく》を立てる
・アンケートの目的《もくてき》と対象《たいしょう》を考える
☞p.100「アンケート調査計画」

↓

アンケートシートを作成《さくせい》する
・質問を考える
☞p.101「アンケートシートの例《れい》」

↓

アンケートをする
☞p.103「アンケートのしかた」

↓

アンケートを集計する

↓

【原稿作成《げんこうさくせい》】

わかったことをまとめて原稿を書く
・アンケートの回答《かいとう》を分析《ぶんせき》、考察《こうさつ》する
・構成《こうせい》を考え、原稿を書く
・資料《しりょう》（グラフや図）を作る
☞p.104「アンケート調査の発表」（1）発表の構成

↓

【発表《はっぴょう》】

発表する
☞p.104「アンケート調査の発表」（2）発表の表現《ひょうげん》
質問に答える

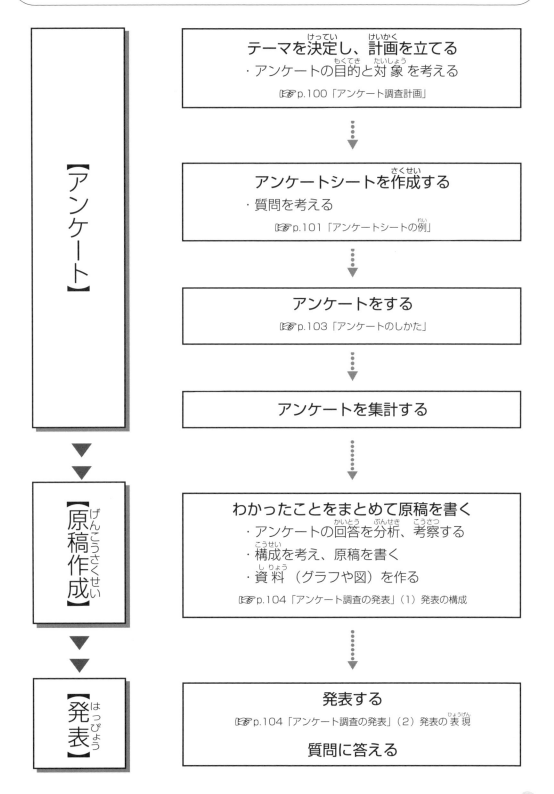

2

言葉《ことば》

Ⅰ. はじめに

Ⅱ. 情報《じょうほう》 1：読み物

「ことわざのおもしろさ」

Ⅲ. 情報 2：資料《しりょう》

Ⅳ. 調査発表《ちょうさはっぴょう》：文献《ぶんけん》

I. はじめに

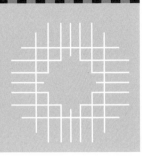

●話し合ってみましょう （下の言葉《ことば》を参考《さんこう》にしてください）

1.「足が棒《ぼう》になる」「すずめの涙《なみだ》」「猫舌《ねこじた》」はどんな意味だと思いますか。

2. 動物を使った表現《ひょうげん》やことわざを知っていますか。

〈言葉と場面〉

書き言葉　話し言葉　敬語《けいご》　方言《ほうげん》

男言葉　女言葉　若者言葉《わかもの》

〈いろいろな言葉〉

ことわざ　擬音語《ぎおん》　擬態語《ぎたい》

慣用句《かんようく》　外来語　スラング

流行語《りゅうこう》　語い

〈言葉の規則《きそく》〉

・文のきまり→ 1）（　　　　　）

・音の出し方→ 2）（　　　　　）

〈その他《た》〉

母（国）語

公用語《こうよう》

答え　1）文法《ぶんぽう》　2）発音

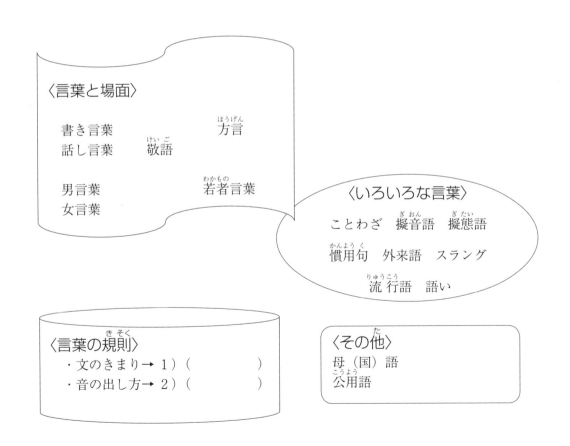

Ⅱ. 情報《じょうほう》１：読み物

●「ことわざのおもしろさ」
●「ことわざのおもしろさ」を読んで
●表現
●言葉
●ことわざ

●「ことわざのおもしろさ」

ことわざは上手《じょうず》に使うと会話が豊《ゆた》かになる。聞いていて感心《かんしん》させられることもある。しかし、使い方を間違《まちが》えると、恥《は》ずかしい。優秀《ゆうしゅう》な子供《こども》を持つ親に「とんびが鷹《たか》を生んだ」と言ってしまったというような失敗例《しっぱいれい》も耳にする。

ところで、ことわざをよく見てみると、おもしろいことに気づく。たとえば、「虎穴《こけつ》に入《い》らずんば虎児《こじ》を得《え》ず」ということわざがある。虎《とら》の子を捕《つか》まえるためには、虎の住む穴《あな》に入らなければならない、つまり、危険《きけん》を冒《おか》さなければ、目的《もくてき》は達成《たっせい》できないという意味だ。それとは反対《はんたい》に「君子危《くんしあや》うきに近寄《ちかよ》らず」ということわざもある。これは頭のよい人は、危《あぶ》ない所へ近寄ったり、危険を冒したりしないという意味である。一方《いっぽう》は危険を冒さなければ何もできないと言っているのに対して、もう一方は危険を冒さないのが賢《かしこ》いやり方だと言っている。このようにことわざの中にはまったく反対のことを表《あらわ》しているものがある。しかし、両方《りょうほう》ともことわざになっている。これも、ことわざのおもしろいところだ。

また、ことわざの中には、元《もと》の意味と違《ちが》った意味で使う人が増《ふ》えている例もある。「情《なさ》けは人のためならず」ということわざは、初《はじ》めは、困《こま》っている人を助《たす》けると自分もいつか人から助けられることになる、親切は他人《たにん》のためではなく、自分のためであるという意味であった。しかし、最近《さいきん》は人に親切にしすぎると、その人にとってかえってよくないから親切にしない方がいいという、まったく別の意味で使う人が多くなった。あるクイズ番組《ばんぐみ》で意味をたずねたとき、ほとんどの人が、後者《こうしゃ》が正しいと答えた。解釈《かいしゃく》がすっかり変《か》わってしまっている。ことわざは、比喩《ひゆ》を使った短い表現《ひょうげん》で物事《ものごと》を表《あらわ》している。それが複数《ふくすう》の解釈《かいしゃく》が生まれる理由《りゆう》でもある。

いろいろな言語《げんご》に共通《きょうつう》することわざが見られるのもおもしろい。たとえば、「光陰《こういん》矢《や》のごとし」や「覆水盆《ふくすいぼん》に返《かえ》らず」や「類《るい》は友を呼《よ》ぶ」などは英語にも非《ひ》常《じょう》によく似《に》たことわざが見られる。国や言葉《ことば》が変《か》わっても、人々《ひとびと》の道徳《どうとく》や教訓《きょうくん》はあまり変わらないのかもしれない。

ことわざは、よく理解して適切《てきせつ》に使えば、聞く人がなるほどと思う。スピーチや会話のスパイスのような役割《やくわり》を果《は》たしている。

●「ことわざのおもしろさ」を読んで

1．次《つぎ》の文を読んで、本文の内容《ないよう》と合っているものには○を、違《ちが》っているものには×を（　　）の中に入れてください。

1）（　　）「とんびが鷹《たか》を生んだ」の「とんび」は優秀《ゆうしゅう》な親のことである。

2）（　　）「虎穴《こけつ》に入《い》らずんば虎児《こじ》を得《え》ず」は、目的《もくてき》を達成《たっせい》するためには危険《きけん》なこともしなければならないという意味だ。

3）（　　）「光陰矢《こういんや》のごとし」と「類《るい》は友を呼《よ》ぶ」はとても意味が似《に》ている。

4）（　　）日本語にも英語にも「時間ははやくたつものだ」という意味のことわざがある。

5）（　　）ことわざを使うと、言いたいことを短い言葉《ことば》で適切《てきせつ》に表現《ひょうげん》することができる。

6）（　　）ことわざは、どのことわざをいつ使うかが大切である。

2．次の質問に答えてください。

1）一つのことわざに複数《ふくすう》の解釈《かいしゃく》があるのはなぜですか。

2）筆者《ひっしゃ》がことわざについて注目している点《てん》を三つあげてください。

3）あなたの国には「光陰矢のごとし」や「覆水盆《ふくすいぼん》に返《かえ》らず」や「類は友を呼ぶ」にあたることわざや表現はありますか。あれば、どんなとき使いますか。

● 表現《ひょうげん》

1. ところで

1）「では、これで授業《じゅぎょう》を終わります。ところで、カルロスさんが今日どうして欠席《けっせき》したか知っている人いますか」

2）「日本のお風呂《ふろ》にもすっかり慣《な》れました」

「そう、よかったですね。ところで、温泉《おんせん》へはもういらっしゃいましたか」

3）「就職《しゅうしょく》が決《き》まったそうで、おめでとうございます。ところで、会社はどちらですか」

4）…このように環境《かんきょう》への関心《かんしん》が社会的《てき》に高くなっている。

ところで、わたしたち個人《こじん》にできることはどんなことであろうか。

●ところで、ことわざをよく見てみると、おもしろいことに気づく。

解説《かいせつ》 …。ところで…

⇒ 話題を変《か》えるときに使う。

2. ～ためには〈目的《もくてき》〉

1）若者《わかもの》のファッションについて調査《ちょうさ》するためには、渋谷《しぶや》へ行くのが一番《いちばん》いい。

2）国の料理を紹介《しょうかい》するためには、レシピが必要《ひつよう》だ。

3）ミュージシャンになる夢《ゆめ》を実現《じつげん》するためには、会社を辞《や》めなければならない。

4）サッカーの全国大会出場のためには、毎日厳《きび》しいトレーニングをする必要がある。

5）日本の文化《ぶんか》を知るためには、＿＿＿＿＿＿＿＿＿＿＿＿＿＿＿＿。

6）＿＿＿＿＿＿＿＿＿＿＿＿＿＿＿＿＿＿＿＿＿＿＿＿＿＿。

●虎《とら》の子を捕《つか》まえるためには、虎の住む穴《あな》に入らなければならない。

解説 【Nの／V- る】ためには…

⇒【Nの／V- る】は目的を表《あらわ》す。【V- る】は意志《いし》を表す動詞《どうし》で、「…」には話し手の判断《はんだん》を表す文が来る。

3．～なければ～ない

1）「急がなければ間《ま》に合わないよ」

2）ほとんどの生物は、水がなければ生きていけない。

3）どんなに能力《のうりょく》があっても、健康《けんこう》でなければ力を出すことができない。

4）「あなたが行かなければ＿＿＿＿＿＿＿＿＿＿＿＿＿＿＿＿」

5）＿＿＿＿＿＿＿＿＿＿＿＿なければ、いい仕事がみつけられない。

6）＿＿＿＿＿＿＿＿＿＿＿＿＿＿＿＿＿＿＿＿＿なければ、

＿＿＿＿＿＿＿＿＿＿＿＿＿＿＿＿＿＿＿＿＿＿＿＿＿。

●危険《きけん》を冒《おか》さなければ、目的《もくてき》は達成《たっせい》できない。

解説【N で／Na- で／A- く~~ない~~／V- ~~ない~~】なければ…ない
⇒「…」のためには、【N で／Na- で／A- く~~ない~~／V- ~~ない~~】（である）ことが必要《ひつよう》。

4．一方《いっぽう》は～、もう一方は～

1）高速道路建設《こうそくどうろけんせつ》の会議《かいぎ》で意見が二つに分かれた。一方は開発を進めようというグループで、もう一方は環境《かんきょう》を守《まも》ろうというグループである。

2）この山には登山《とざん》ルートが二つある。一方は簡単《かんたん》な北側《がわ》のルート、もう一方は難《むずか》しい南側のルートである。

3）＿＿＿＿＿＿＿＿＿＿＿＿は二つある。一方は＿＿＿＿＿＿＿＿＿＿

＿＿＿＿＿＿＿＿、もう一方は＿＿＿＿＿＿＿＿＿＿＿＿＿。

●一方は危険を冒さなければ何もできないと言っているのに対《たい》して、もう一方は危険を冒さないのが賢《かしこ》いやり方だと言っている。

解説 一方は…、もう一方は…
⇒ある一つのことに関係《かんけい》して対立《たいりつ》する二つの方法《ほうほう》や考えがある。その二つを比《くら》べて違《ちが》いを説明する表現《ひょうげん》。

5．～のに対《たい》して

1）姉は行動的《てき》でよく外出するのに対して、妹は一日中家で本を読んでいる。

2）日本語のできる外国人が増《ふ》えているのに対して、外国語のできる日本人はあまり増えていない。

3）以前は一度就職《しゅうしょく》したらずっと同じ会社で働き続《つづ》ける人が多かったのに対して、今は転職する人が多くなっている。

4）大きな都市は＿＿＿＿＿＿＿＿＿＿＿＿＿＿のに対して、地方は＿＿＿＿＿＿＿＿＿＿＿＿＿＿＿＿＿＿＿＿。

5）日本では＿＿＿＿＿＿＿＿＿＿＿＿＿＿＿のに対して、わたしの国では＿＿＿＿＿＿＿＿＿＿＿＿＿＿＿＿＿。

6）＿＿＿＿＿＿＿＿＿＿＿＿＿＿＿＿＿＿＿のに対して、＿＿＿＿＿＿＿＿＿＿＿＿＿＿＿＿＿＿＿＿＿＿＿。

●一方《いっぽう》は危険《きけん》を冒《おか》さなければ何もできないと言っているのに対して、もう一方は危険を冒さないのが賢《かしこ》いやり方だと言っている。

解説【S】のに対して…　注）【N- だ】→【N- な】、【Na- だ】→【Na- な】
⇒【S】で言ったことと違《ちが》うこと（反対《はんたい》のこと）を「…」で言う。

6．かえって～

1）「見るな」と言われると、かえって見たくなる。

2）あまりいいことばかりが続くと、かえって不安になる。

3）第一希望《だいいちきぼう》の会社には入れなかったが、温《あたた》かい雰囲気《ふんいき》のこの会社に就職できて、かえってよかったと思っている。

4）仕事の疲《つか》れをとるために旅行に出かけたが、＿＿＿＿＿＿＿＿＿＿て、かえって疲れてしまった。

5）父は、忙《いそが》しい方がかえって元気になると言って、＿＿＿＿＿＿＿＿＿＿＿＿＿＿＿＿＿＿＿＿＿＿＿＿＿＿＿＿＿。

6）＿＿＿＿＿＿＿＿＿＿＿＿＿＿＿＿＿すぎると、かえって＿＿＿＿＿＿＿＿＿＿＿＿＿＿＿＿＿＿＿＿＿＿＿。

● しかし、最近《さいきん》は人に親切にしすぎると、その人にとってかえってよくないから親切にしない方がいいという、まったく別の意味で使う人が多くなった。

解説 …$_1$と／が、かえって、…$_2$
⇒「…$_1$」の内容《ないよう》から当然《とうぜん》だと予測《よそく》されることと反対《はんたい》の結果《けっか》「…$_2$」が起きる。

●言葉《ことば》

ことわざ	ことわざ
豊か（な）	ゆたか ・わたしの生まれた町は山や海など豊かな自然《しぜん》がまだ残《のこ》っている。
感心（する）	かんしん ・大きなピラミッドを見て古代エジプト人の知恵《ちえ》と技術《ぎじゅつ》に感心した。
優秀（な）	ゆうしゅう
耳にする	みみにする ・社長が代わるといううわさを耳にしたが、本当《ほんとう》かどうかわからない。
虎	とら
（〜に）気づく	きづく ・駅まで行って財布《さいふ》を忘《わす》れたことに気づいた。
捕まえる	つかまえる
穴	あな
危険（を冒す）	きけん（をおかす） ・登山《とざん》家は危険を冒しても、難《むずか》しい山に登《のぼ》ろうとする。
達成（する）	たっせい ・今月の販売目標《はんばいもくひょう》を達成するために、今日も朝から走り回っている。
（〜に）近寄る	ちかよる
まったく	まったく ・海外旅行はまったく初《はじ》めてなので、どきどきしている。
元	もと ・使った後は元の場所に戻《もど》しておいてください。
賢い	かしこい
かえって	かえって ・説明を聞いて、かえってわからなくなってしまった。
すっかり	すっかり ・小さかっためいは、しばらく見ない間《あいだ》にすっかり大きくなっていた。
物事	ものごと

後者	こうしゃ ・テストは筆記《ひっき》と面接《めんせつ》があって、後者は話す力を見るためのものです。
比喩	ひゆ
解釈	かいしゃく
複数	ふくすう
共通（する）	きょうつう ・環境《かんきょう》破壊《はかい》は世界中の国々《くにぐに》に共通する問題だ。
道徳	どうとく
教訓	きょうくん
適切（な）	てきせつ ・早めに適切な治療《ちりょう》を受《う》ければ、この病気は完全《かんぜん》に治《なお》ります。
なるほど	なるほど ・経験《けいけん》が豊《ゆた》かな祖父《そふ》の言うことは、なるほどと思うことが多い。
スパイス	スパイス
役割（を果たす）	やくわり（をはたす） ・ストレスの多い現代《げんだい》社会ではペットが大切な役割を果たしている。

●ことわざ

とんびが鷹《たか》を生む

平凡《へいぼん》な親から優秀《ゆうしゅう》な子供《こども》が生まれること。

虎穴《こけつ》に入《い》らずんば虎児《こじ》を得《え》ず

危険《きけん》を冒《おか》さなければ、目的《もくてき》は達成《たっせい》できないということ。

君子《くんし》危《あや》うきに近寄《ちかよ》らず

賢《かしこ》い人は危険には近寄らないということ。

情《なさ》けは人のためならず

人に親切にすれば、いつか自分も親切にされるということ。

光陰《こういん》矢《や》のごとし

月日がとてもはやく過《す》ぎていくこと。

覆水盆《ふくすいぼん》に返《かえ》らず

一度やってしまったことは、もう一度やり直《なお》すことはできないということ。

類《るい》は友を呼《よ》ぶ

同じような考え方の人は、集まりやすいということ。

Ⅲ. 情報《じょうほう》２：資料《しりょう》

●慣用表現：体の部分
●慣用表現：動物・数字
●擬音語・擬態語
●グラフ

●慣用表現《かんようひょうげん》：体の部分《ぶぶん》

顔

・顔が広い
知人が多い

・顔を出す
出席《しゅっせき》する

・顔から火が出る
恥《は》ずかしい

首

・首を長くして待つ
心から待つ様子《ようす》

・首になる（する）
会社などを
辞《や》めさせられる
（辞めさせる）

手

・手に入れる
得《え》る

・手を貸す
手伝《てつだ》う

・手がかかる
世話をしなければならない／時間がかかる

耳

・耳が痛《いた》い
自分のよくないところを言われてつらい

・耳を貸す
話を聞く

・耳にたこができる
何度も同じことを聞いていやになる

目

・目がない
とても好きだ

・目が回るほど忙《いそが》しい
とても忙しい

・目からうろこが落《お》ちる
それまでわからなかったことが突然《とつぜん》はっきりとわかる

●慣用表現《かんようひょうげん》：動物・数字《すうじ》

〈動物を用《もち》いた表現〉

★猫《ねこ》の額《ひたい》

庭《にわ》などがとても
狭《せま》いこと
例《れい》）父は猫の額ほどの
　庭で野菜を作っている。

★すずめの涙《なみだ》

もらったお金などが
とても少ないこと
例）わたしの給料《きゅうりょう》はすずめの涙ほどしかない。

★かえるの子はかえる

① 子供《こども》は親に似《に》る
例）Ａ：「お隣《となり》の息子《むすこ》さんは
　　お父さんと同じように
　　立派《りっぱ》な大工《だいく》になったらしいよ」
　Ｂ：「やっぱり、かえるの子はかえるだね」
② 平凡《へいぼん》な人の子供は平凡だ

★さるも木から落《お》ちる

上手《じょうず》な人や専門家《せんもんか》でも
間違《まちが》えたり、失敗《しっぱい》した
りすることがある
例）
Ａ：「昨日《きのう》、先生漢字間違えたんだって」
Ｂ：「へー、さるも木から落ちるって言うからね」

★逃《に》がした魚は大きい

もう少しで手に入りそうだったのに入らなかったものを、とても残念《ざんねん》に思うこと
例）
Ａ：「昔《むかし》別れた彼《かれ》が今は大金《おおがね》持《も》ちになってるのよ」
Ｂ：「逃がした魚は大きいわね」

〈数字に関《かん》する慣用句《かんようく》〉

★一長一短《いっちょういったん》
よいところも悪いところもあること

★三日坊主《みっかぼうず》
一つのことを、長く続《つづ》けられなくて、やめてしまう人（こと）

★七転《ななころ》び八起《やお》き
何回失敗しても、あきらめないで、もう一度がんばること

●擬音《ぎおん》語・擬態《ぎたい》語

〔笑《わら》う〕

あははは（と笑う）
大きな声で笑う

ふふふ（と笑う）
軽く笑う

げらげら（笑う）
おかしくておなかを
かかえて笑う

くすくす（笑う）
人に聞こえないように
小さい声で笑う

にこにこ（笑う・する）
声を出さないで
やさしく笑う

にやにや（笑う・する）
悪いことを考えながら笑う

〔泣《な》く〕

おいおい（泣く）
とても悲《かな》しくて大きい声で泣く

おぎゃあおぎゃあ（と泣く）
赤ちゃんの泣き声《ごえ》

しくしく（泣く）
一人でさびしく泣く

わあわあ（泣く）
大きい声で泣く

めそめそ（泣く・する）
いつまでも弱々《よわよわ》しく泣く

〔話す（言う）〕

すらすら（話す）

途《と》中《ちゅう》で止まらずに
スムーズに話す

ぺらぺら（話す）

早口でたくさんしゃべる
外国語を上手《じょうず》に話す

べらべら（話す）

言ってはいけないことを
だれにでも簡単《かんたん》にしゃべる

ひそひそ（話す）

声が聞こえない
ように話す

ぶつぶつ（言う）

独《ひと》り言《ごと》を言う

ぶうぶう（言う）

不平《ふへい》や不満《ふまん》を人に
わかるように言う

〔飲む〕

ちびちび（飲む）

お酒などを少しずつ飲む

がぶがぶ（飲む）

たくさん飲む

ごくごく（飲む）

一息《ひといき》で飲む

●グラフ

グラフからどんなことがわかりますか。説明して話し合いましょう。

☞p.97「グラフの読み方」

どちらを使いますか。

台所／キッチン

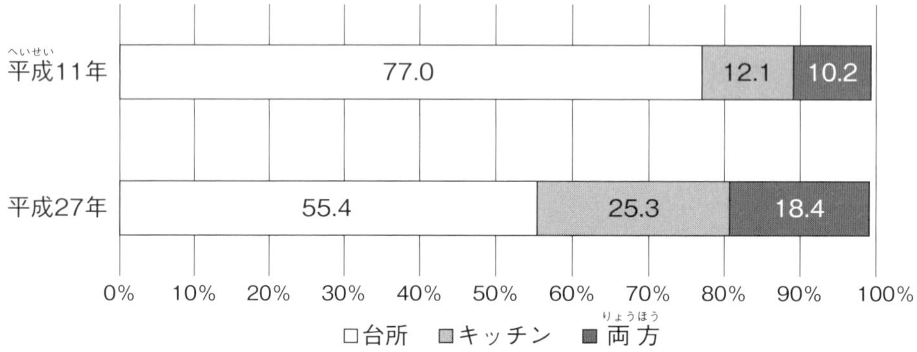

開店する／オープンする

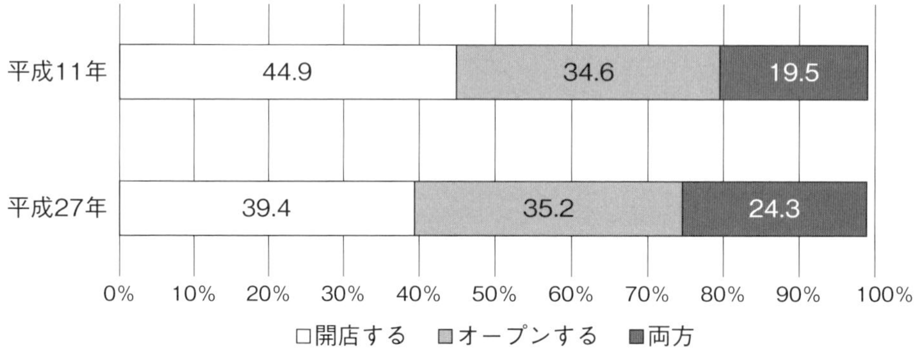

合計で／トータルで

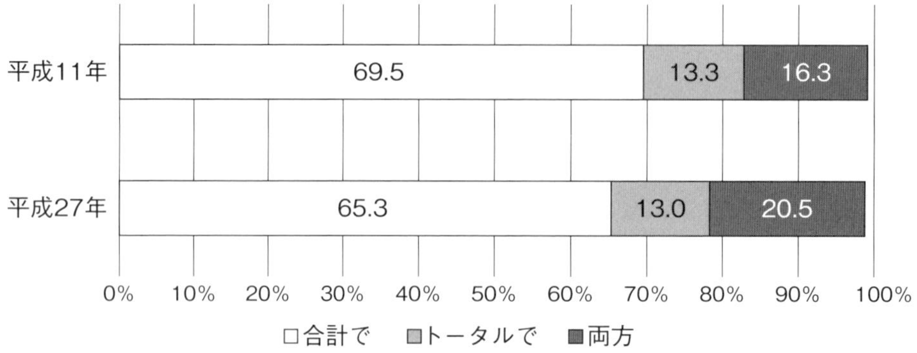

（文化庁《ぶんかちょう》「平成27年度国語に関《かん》する世論調査《よろんちょうさ》」2015年に基《もと》づく）

Ⅳ. 調査発表《ちょうさはっぴょう》

文献《ぶんけん》

次《つぎ》のようなことについて、調査をして発表してください。
あなたの国の言語《げんご》と比較《ひかく》してみましょう。

- 慣用表現《かんようひょうげん》：体の部分《ぶぶん》(頭、目、腹《はら》、手、足など)を使った表現
- 慣用表現：動物の名前を使った表現
- 擬音語《ぎおんご》・擬態語《ぎたいご》
- 外来語
- ことわざ
- 流行語《りゅうこうご》
- その他《た》

●文献調査《ぶんけんちょうさ》の流《なが》れ

【文献調査】

テーマを決定《けってい》し、計画《けいかく》を立てる

・文献調査の目的《もくてき》を考える

☞p.112「文献調査計画」

調査する（本、インターネットなど）

☞p.113「文献調査のしかた」
☞p.114「文献メモの例《れい》」

【原稿作成《げんこうさくせい》】

わかったことをまとめて原稿を書く

・文献を比較《ひかく》、分析《ぶんせき》、考察《こうさつ》する
・構成《こうせい》を考え、原稿を書く
・資料《しりょう》（グラフや図）を作る

☞p.114「文献調査の発表」（1）発表の構成

【発表《はっぴょう》】

発表する

☞p.115「文献調査の発表」（2）発表の表現《ひょうげん》

質問に答える

3

コミュニケーション

Ⅰ．はじめに

Ⅱ．情報《じょうほう》1：グラフなど

Ⅲ．情報2：読み物「非言語《ひげんご》コミュニケーション」

Ⅳ．調査発表《ちょうさはっぴょう》：アンケート

I. はじめに

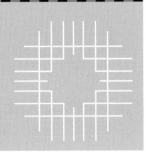

●話し合ってみましょう（下の言葉《ことば》を参考《さんこう》にしてください）

1．どんなときに、どんな通信手段《つうしんしゅだん》を使いますか。理由《りゆう》も述《の》べてください。

2．人とコミュニケーションをとるとき、どのようなことがよい印象《いんしょう》を与《あた》えると思いますか。（例《れい》：表情《ひょうじょう》、態度《たいど》、距離《きょり》、スキンシップ）

3．ボディーランゲージで伝《つた》えてください。

・「わたしですか」と聞きたい。
・「怒《おこ》っている」と伝えたい。
・「何かがうまくいった」と伝えたい。
・「だめだ」と伝えたい。

〈通信手段〉

携帯電話《けいたいでんわ》　固定電話《こていでんわ》
メール　手紙
インターネット

〈目的《もくてき》〉

・連絡《れんらく》　・報告《ほうこく》
・相談《そうだん》
・お祝《いわ》い
・お礼《れい》　・おわび

Ⅱ. 情報《じょうほう》1：グラフなど

グラフからどんなことがわかりますか。説明して話し合いましょう。

☞p.97「グラフの読み方」

A　友人・知人とのコミュニケーション手段《しゅだん》

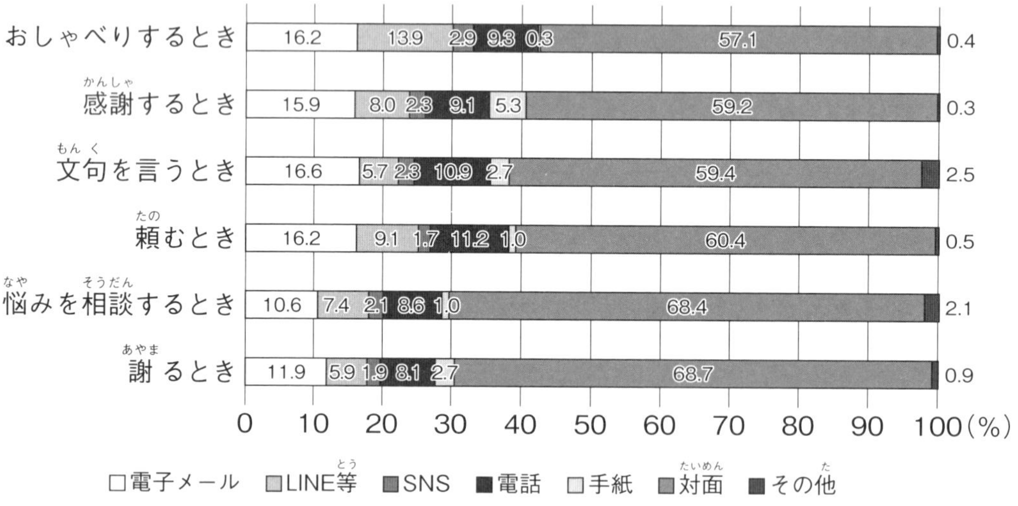

（総務省《そうむしょう》「社会課題解決《かだいかいけつ》のための新《あら》たなICTサービス・技術《ぎじゅつ》への人々の意識《いしき》に関《かん》する調査《ちょうさ》研究」2015年に基《もと》づく）

B　インターネット利用《りよう》の意識

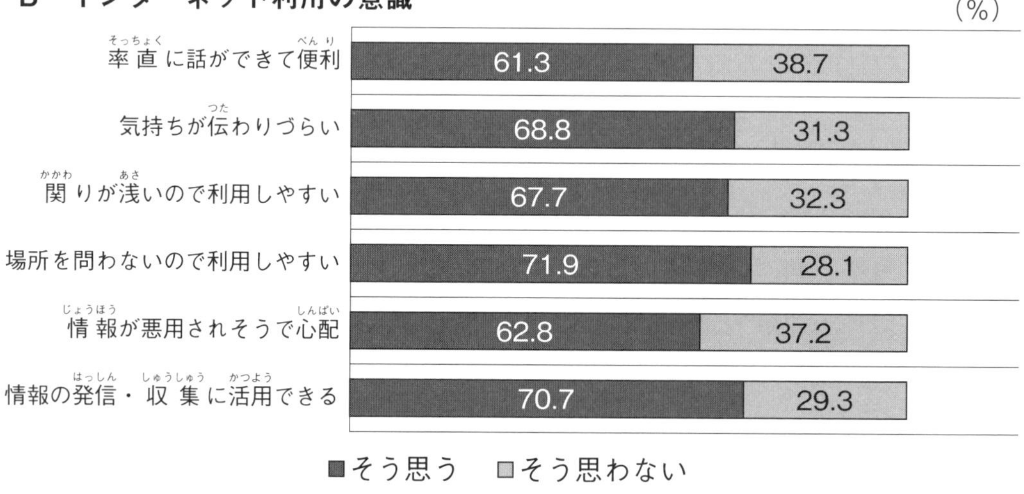

対象者《たいしょう》：15〜29歳《さい》の男女6,000人

（内閣府《ないかくふ》「平成《へいせい》29年版子供《ばんこども》・若者《わかもの》白書」2017年に基づく）

C-1　コミュニケーションの得意度《とくい》

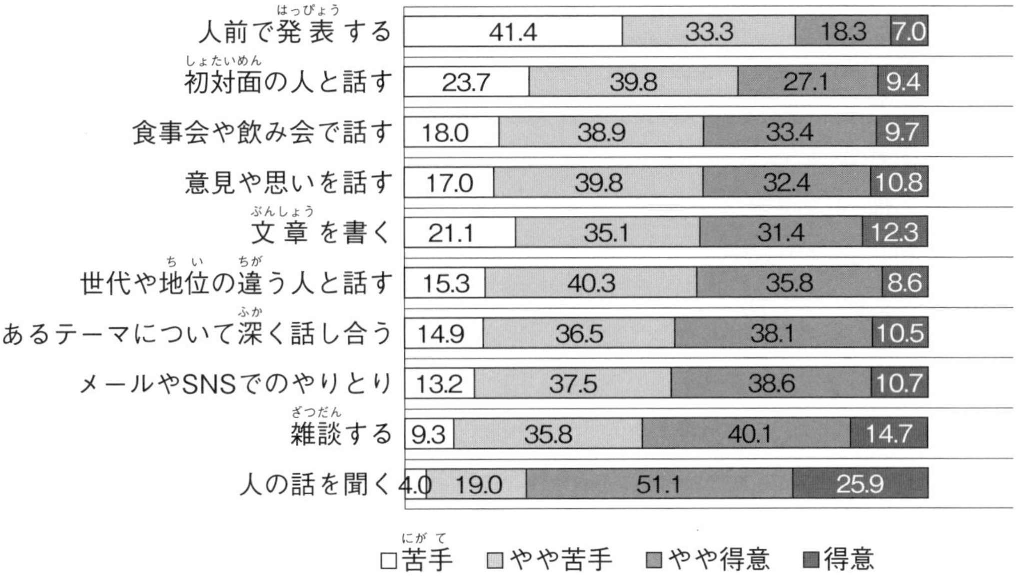

対象者《たいしょう》：18歳《さい》以上の男女 2,060 人

（JTB コミュニケーションデザイン「コミュニケーション総合調査《そうごうちょうさ》〈第《だい》3 報《ほう》〉」2017 年に基《もと》づく）

C-2　コミュニケーションに関《かん》する希望《きぼう》

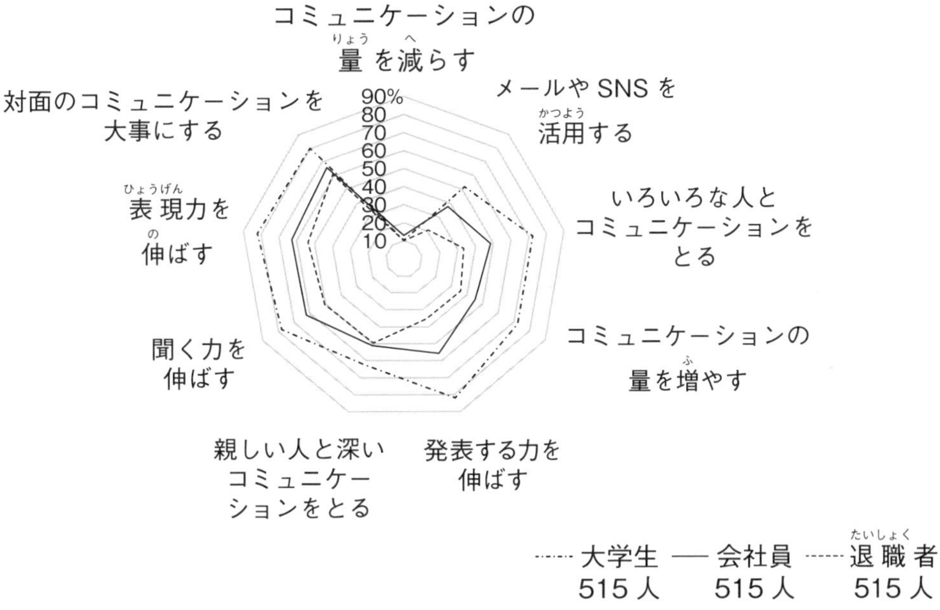

（JTB コミュニケーションデザイン「コミュニケーション総合調査〈第 1 報〉」2017 年に基づく）

D　コミュニケーションで大切だと思うこと

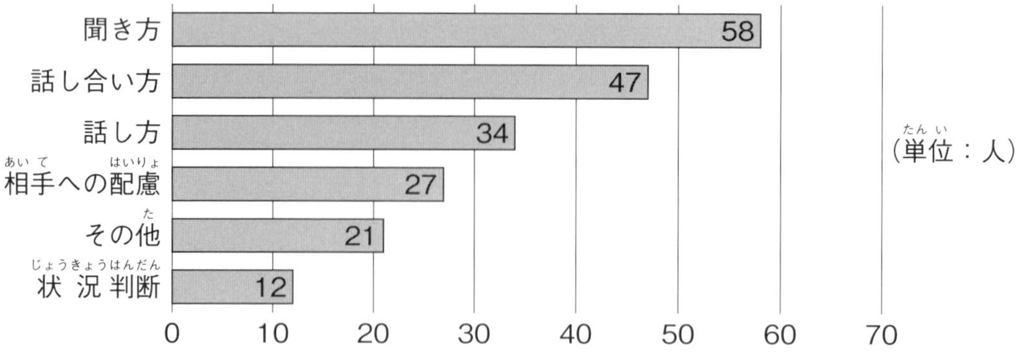

対象《たいしょう》者：小学生・中学生・高校生 199 人
（「神奈川県立総合教育《かながわけんりつそうごうきょういく》センター研究集」2015 年に基《もと》づく）

E　意見の表《あらわ》し方

1. 意見の表し方

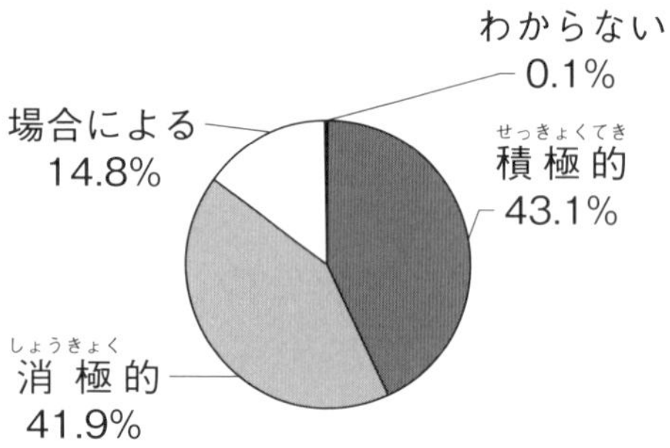

2. 意見が違《ちが》ったら

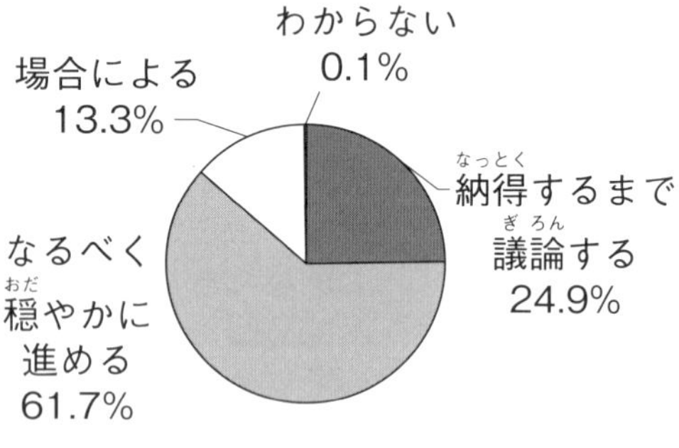

3. 人に話すとき

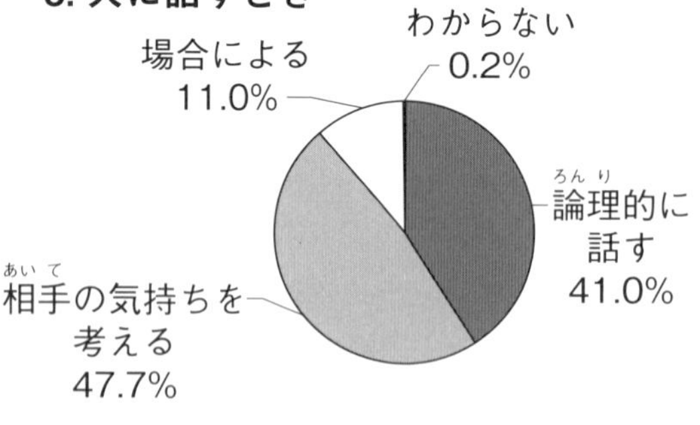

対象者：16 歳《さい》以上の男女 2,015 人
（文化庁《ぶんかちょう》「平成《へいせい》28 年度 国語に関《かん》する世論調査《よろんちょうさ》」2016 年に基づく）

F　職場《しょくば》のコミュニケーション

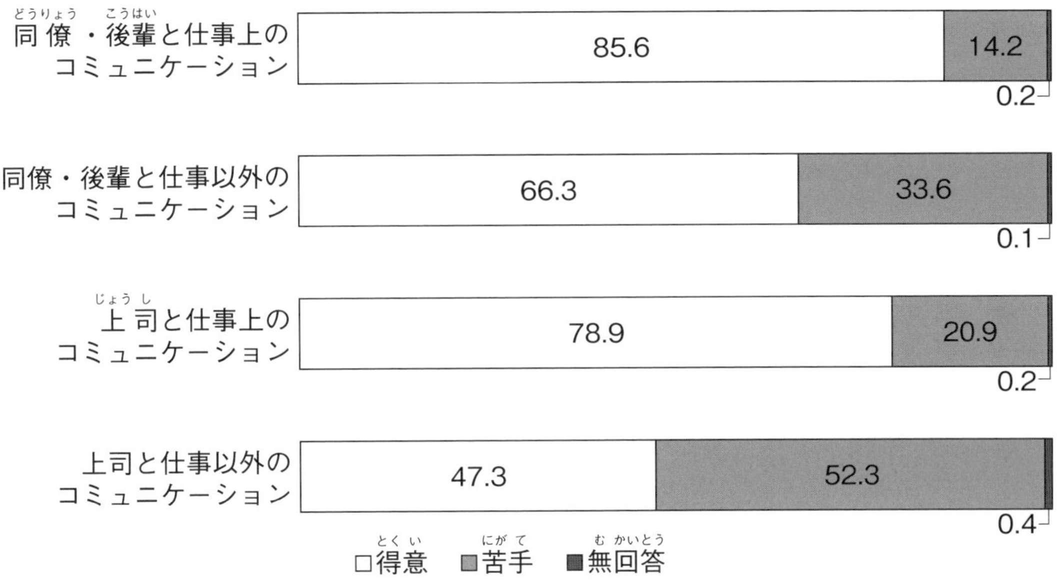

（公益財団法人《こうえきざいだんほうじん》日本生産性本部《せいさんせいほんぶ》「職場のコミュニケーションに関《かん》する意識《いしき》調《ちょう》査《さ》」2017年に基《もと》づく）

G　中学生親子の話題　国際比較《こくさいひかく》

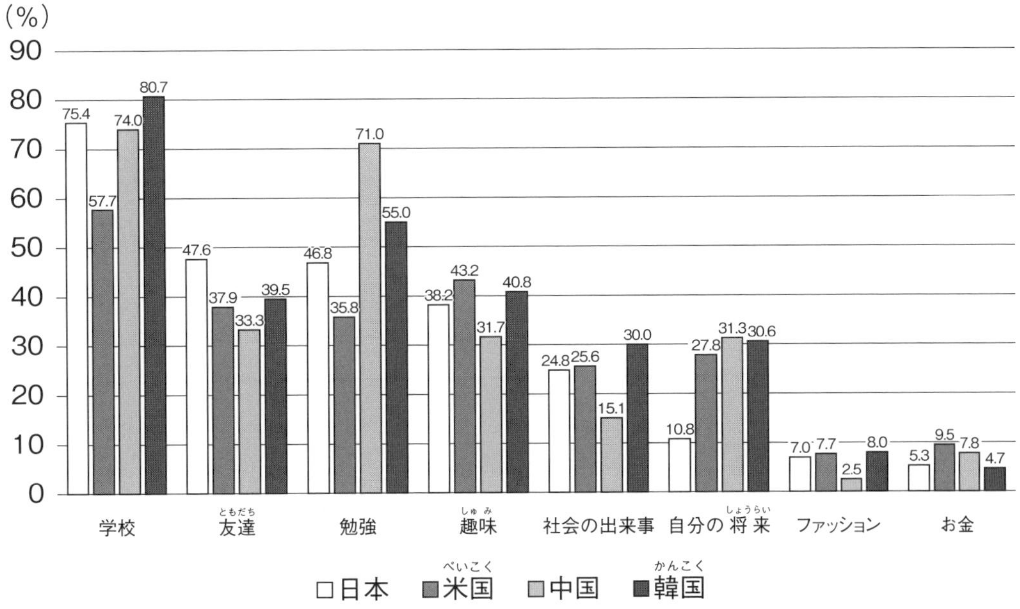

（国立青少年教《きょう》育《いく》機《き》構《こう》「インターネット社会の親子関係《かんけい》に関する意識調査　報告書《ほうこくしょ》
－日本・米国・中国・韓国の比較－」2018年に基づく）

Ⅲ. 情報《じょうほう》2：読み物

- 「非言語コミュニケーション」
- 「非言語コミュニケーション」を読んで
- 表現
- 言葉

●「非言語《ひげんご》コミュニケーション」

今から二十数年《すうねん》前、日本語教師《きょうし》になって間《ま》もない頃《ころ》のことである。一学期《がっき》が終わったとき、学生にアンケートをして授業《じゅぎょう》についてのコメントをもらった。その中に「先生は指導《しどう》のときに体が近づきすぎる」というコメントがあって驚《おどろ》いた。確《たし》かに、作文指導のときは個人《こじん》指導になり、体が近づく場面《ばめん》は多かった。しかし、その距離《きょり》はその学生にとって近すぎたようだ。つまり、わたしが自然《しぜん》だと思った距離が、その学生にとっては違和感《いわかん》があったのだ。もちろん、以前から、あいさつのときなど、文化《ぶんか》によって相手《あいて》との距離の取《と》り方が違《ちが》うということは認識《にんしき》していたが、授業中の教師との距離をこのように感じる学生がいることは予想《よそう》していなかった。

コミュニケーションとは、人が伝《つた》えたい何かを送り、相手がそれを受《う》けとることだ。そのために、言葉《ことば》が使われる。しかし、言葉は一つの要素《ようそ》であり、そのほかに言葉を使わないコミュニケーションもある。まず、体の動作《どうさ》に関《かん》するもの、例《たと》えば、顔の表情《ひょうじょう》、ジェスチャー、姿勢《しせい》などだ。「すみません」と言うときに、申《もう》し訳《わけ》なさそうな表情で、頭を下げながら言うのと、ただ無《む》表情に言うのとでは、伝わるものはまったく違う。次《つぎ》に、言語《げんご》の周辺《しゅうへん》にあるもの、例えば、話す速《はや》さ、声の大きさ、イントネーション、間《ま》の取り方などがある。「おめでとう」という場合も、ロボットのような調子《ちょうし》で言うのと、感情豊《かんじょうゆた》かな言い方とでは、言われた人の喜《よろこ》びの大きさが違う。それから、空間的《てき》なこと、つまり、相手との距離、身体接触《しんたいせっしょく》などだ。わたしの経験《けいけん》はこの例《れい》になる。

これらの非言語《ひげんご》コミュニケーションの要素《ようそ》がコミュニケーション全体《ぜんたい》に占《し》める割合《わりあい》は高いと考えられている。アメリカの研究者バードウィステルによると、会話によるコミュニケーションでは約《やく》35%が言語要素で、残《のこ》りの約65%が非言語の要素だということである。

直接《ちょくせつ》会って話す場面《ばめん》以外でも、非言語の要素が働くことがある。先日《せんじつ》、学生から次《つぎ》のような話を聞いた。あるとき、絵文字《えもじ》を使わず文字だけで友達《ともだち》に携帯《けいたい》メールを送ったら、その友達から「怒《おこ》っているの？」というメールが来たという。友人とのメールでは、絵文字を使うのが普通《ふつう》だそうだ。これは、言いたいことを簡単《かんたん》にわかりやすく伝《つた》えるためだろうが、それだけでなく絵文字は非言語の要素の代わりをしているともいえる。メールでは送る人の表情《ひょうじょう》が見えず、声が届《とど》かないこともあって、絵文字を使っているのではないだろうか。上の例《れい》も、いつものように絵文字を使っていれば、誤解《ごかい》はなかったはずだ。

コミュニケーション手段《しゅだん》はいろいろ変化《へんか》しても、非言語の要素が重要《じゅうよう》な役割《やくわり》を果《は》たしていることに変《か》わりはない。そして、非言語コミュニケーションは、国や文化《ぶんか》、集団《しゅうだん》や個人《こじん》によって違《ちが》いがある。この重要さと違いをよく理解することが、コミュニケーションをスムーズに進める鍵《かぎ》になるのではないだろうか。

携帯電話の絵文字の例

返信遅れました。m(_ _)m

今日は☀暑かったですねぇ～

😊ヨーコは変わりない❓
今度の日曜は久しぶりに
ゆっくり会いましょう🍰
☕＼＾o＾／

(^_^)　(；_；)　(゜o゜)　m(_ _)m　_l￣l○

＊絵文字は、目上の人に使うと失礼《しつれい》になりますから、気をつけましょう。

●「非言語《ひげんご》コミュニケーション」を読んで

1．次《つぎ》の文を読んで、本文の内容《ないよう》と合っているものには○を、違《ちが》っているものには×を（　　）の中に入れてください。

1）（　　）　相手《あいて》に何かを伝《つた》えるとき、一番《いちばん》大切なのは感情《かんじょう》豊《ゆた》かな顔の表情《ひょうじょう》である。

2）（　　）　「すみません」という言葉《ことば》だけでは、謝《あやま》る気持ちが十分伝わらないことがある。

3）（　　）　二十年前の筆者《ひっしゃ》の経験《けいけん》は、非言語の要素《ようそ》の「体の動作《どうさ》」に関《かん》するものの例《れい》だ。

4）（　　）　学生の友人は、もらったメールに絵文字《えもじ》がなかったので、怒《おこ》ってしまった。

5）（　　）　絵文字は会話でのジェスチャーやイントネーションなどの役割《やくわり》をしていると考えられる。

6）（　　）　非言語の要素の重要《じゅうよう》さと違《ちが》いをよく理解《りかい》することが、コミュニケーションをスムーズに進める鍵《かぎ》である。

2．次の質問に答えてください。

1）アンケートに答えた学生が、教師《きょうし》の体が近づいたことで違和感《いわかん》を感じたのはどうしてですか。

2）非言語コミュニケーションの要素は三つあると筆者は言っています。その三つの要素とそれぞれの例をあげてください。

3）あなたの国の人々《ひとびと》と日本人ではコミュニケーションのしかたが違うことがありますか。非言語の要素の例があったら紹介《しょうかい》してください。

● 表現《ひょうげん》

1．～にとって

1）「あなたにとって一番《いちばん》大切なものは何ですか」

2）学生にとって試験はプレッシャーだ。

3）東京に住む普通《ふつう》のサラリーマンにとって家を買うことは非常《ひじょう》に難《むずか》しい。

4）共働《ともばたら》きの人にとって＿＿＿＿＿＿＿＿＿＿＿＿＿＿。

5）日本人にとっては＿＿＿＿＿＿＿＿＿＿＿＿＿＿が、

外国人にとっては＿＿＿＿＿＿＿＿＿＿＿＿＿＿。

6）＿＿＿＿＿＿＿＿にとって＿＿＿＿＿＿＿＿。

●その距離《きょり》はその学生にとって近すぎたようだ。

解説《かいせつ》【N】にとって…

⇒【N】の立場や視点《してん》から見ると、「…」と判断《はんだん》、評価《ひょうか》することができる。「…」の述語《じゅつご》は、判断や評価を表《あらわ》す表現《ひょうげん》。

2．～に関《かん》する

1）この大学の図書《としょ》館は、中国文学に関する図書が充実《じゅうじつ》している。

2）次《つぎ》のアンケートにお答えください。個人情報《こじんじょうほう》に関する部分《ぶぶん》は書かなくても結構《けっこう》です。

3）来週、月曜日の５時から奨学金《しょうがくきん》に関する説明会が開かれます。

4）山田先生は『源氏物語《げんじものがたり》』に関する研究で、世界的《てき》に有名だ。

5）＿＿＿＿＿＿＿＿に関するアンケート調査《ちょうさ》の結果《けっか》を報告《ほうこく》します。

6）＿＿＿＿＿＿＿＿に関する＿＿＿＿＿＿＿＿＿＿＿＿＿＿。

●体の動作《どうさ》に関するもの、例《たと》えば、顔の表情《ひょうじょう》、ジェスチャー、姿勢《しせい》などだ。

解説【N_1】に関する N_2、（【N_1】に関して…）

⇒【N_1】についての N_2、（【N_1】について…）という意味。

「～について」より改《あらた》まった表現。

3．～ということだ

1）ある言語《げんご》学者の話によると、世界に6000ぐらいある言語が、100年後には半分ぐらいに減《へ》るということだ。

2）学生に聞いたのだが、エチオピアでは子供《こども》の誕生《たんじょう》日《び》にヤギなどの生き物をプレゼントする地域《ちいき》もあるということだ。

3）キュウリの原産《げんさん》地はインドだということである。

4）関係《かんけい》者の話では、駅前の高層《こうそう》ビル建設《けんせつ》は住民《じゅうみん》の反対《はんたい》で中止されたということだ。

5）インターネットの情報《じょうほう》によると、＿＿＿＿＿＿＿＿＿＿＿＿＿＿＿＿＿＿＿＿＿＿＿＿＿＿＿＿＿＿＿ということだ。

6）＿＿＿＿＿＿＿＿＿＿＿＿＿＿＿＿＿＿＿＿＿＿＿＿ということだ。

●アメリカの研究者バードウィステルによると、会話によるコミュニケーションでは約《やく》35％が言語要素《ようそ》で、残《のこ》りの約65％が非《ひ》言語の要素だということである。

解説　…ということだ。
⇒…という情報がある。聞いたり、読んだりしたことを人に伝《つた》える表現《ひょうげん》。

4．～もあって

1）経済的《けいざいてき》な問題もあって、進学をあきらめた。

2）いろいろな人と知り合える楽しさもあって、パッケージツアーを選《えら》んだ。

3）少子化《しょうしか》の傾向《けいこう》もあって、一人の子供に対する親の期待《きたい》は大きくなっている。

4）相手《あいて》の都合《つごう》もあって、＿＿＿＿＿＿＿＿＿＿＿＿＿＿＿＿＿＿＿＿＿。

5）友人との約束《やくそく》もあって＿＿＿＿＿＿＿＿＿＿＿＿＿＿＿＿＿＿＿＿＿。

6）＿＿＿＿＿＿＿＿＿＿＿＿＿＿＿＿＿＿＿＿＿＿＿＿予定《よてい》もあって、＿＿＿＿＿＿＿＿＿＿＿＿＿＿＿＿＿＿＿＿＿＿＿＿＿＿＿＿＿＿。

●メールでは送る人の表情《ひょうじょう》が見えず、声が届《とど》かないこともあって、絵文字《えもじ》を使っているのではないだろうか。

解説　【N】もあって…
⇒「…」が実現《じつげん》する理由《りゆう》はいくつかあるが、【N】はそのひとつである。

5．～ば、～はずだ

1）5時の電車に乗れば、コンサートに間《ま》に合うはずだ。

2）この機械《きかい》の使い方は、説明書を読めば、わかるはずです。

3）がんばれば、できるはずだ。

4）観光案内所《かんこうあんないじょ》に行けば、無料《むりょう》の地図が置《お》いてあるはずだ。

5）＿＿＿＿＿＿は＿＿＿＿＿＿＿＿＿＿＿＿ば、わかるはずだ。

6）＿＿＿＿＿＿＿＿ば、＿＿＿＿＿＿＿＿＿＿＿＿＿＿はずだ。

●いつものように絵文字《えもじ》を使っていれば、誤解《ごかい》はなかったはずだ。

解説【V-ば】…はずだ

⇒【V-ば】が実現《じつげん》したら「…」が実現する、と話し手が判断《はんだん》している。

●言葉《ことば》

非言語	ひげんご
間もない	まもない ・この子は歩き始めて間もないので、転《ころ》びそうで危《あぶ》ない。
指導	しどう
確かに	たしかに ・鈴木《すずき》さんが言ったとおり、あの店の料理は確かにおいしかった。
個人	こじん
距離	きょり
違和感	いわかん ・大阪《おおさか》から東京に引《ひ》っ越《こ》してきたときは、東京の言葉に違和感があった。
相手	あいて
認識（する）	にんしき
予想（する）	よそう ・パーティーの参加《さんか》者は、予想していたより多かった。
要素	ようそ
動作	どうさ
表情	ひょうじょう
ジェスチャー	ジェスチャー
姿勢	しせい
ただ	ただ ・食事をして店を出るとき、ただ黙《だま》って出てくるのではなく、「ごちそうさま」などと言うようにしている。
無表情	むひょうじょう
周辺	しゅうへん
イントネーション	イントネーション
間	ま ・うまい落語家《らくごか》は、話し方はもちろん、間の取《と》り方が上手《じょうず》だ。
感情	かんじょう
豊か（な）	ゆたか
空間的（な）	くうかんてき
接触	せっしょく

占める	しめる ・石油《せきゆ》は日本のエネルギー消《しょう》費《ひ》の半分を占めている。
割合	わりあい ・別れた恋人《こいびと》の携帯番号《けいたいばんごう》が消《け》せない人の割合は、男性《だんせい》のほうが高い。
直接	ちょくせつ
～以外	～いがい ・講演《こうえん》会の参加費《さんかひ》は、会員は500円で、会員以外の人は1000円です。
先日	せんじつ
絵文字	えもじ
誤解	ごかい
手段	しゅだん
役割（を果たす）	やくわり（をはたす） ・警察犬《けいさつけん》は、特に麻薬事件《まやくじけん》を調《しら》べるときに、重要《じゅうよう》な役割を果たしている。
集団	しゅうだん
スムーズ	スムーズ

Ⅳ. 調《ちょう》査《さ》発《はっ》表《ぴょう》

アンケート

次《つぎ》のようなことについて、調査をして発表してください。

- 通信手段《つうしんしゅだん》の比較《ひかく》
- ボディーランゲージ
- 家族や友人とのコミュニケーション
- ネットコミュニティ
- コミュニケーションのマナー

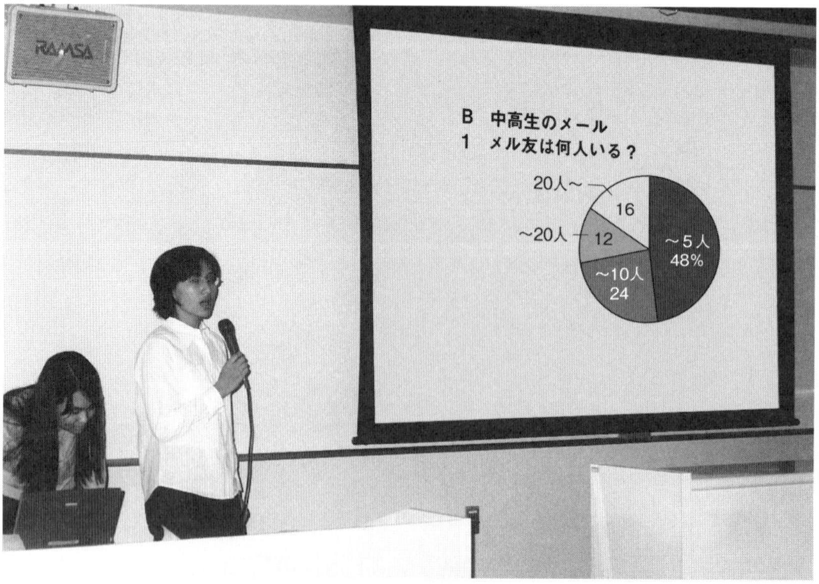

●アンケート調《ちょう》査《さ》の流《なが》れ

【アンケート】	テーマを決定《けってい》し、計画《けいかく》を立てる ・アンケートの目的《もくてき》と対象《たいしょう》を考える ☞p.100「アンケート調査計画」
	↓
	アンケートシートを作成《さくせい》する ・質問を考える ☞p.101「アンケートシートの例《れい》」
	↓
	アンケートをする ☞p.103「アンケートのしかた」
	↓
	アンケートを集計する
▼	↓
【原稿作成《げんこうさくせい》】	わかったことをまとめて原稿を書く ・アンケートの回答《かいとう》を分析《ぶんせき》、考察《こうさつ》する ・構成《こうせい》を考え、原稿を書く ・資料《しりょう》（グラフや図）を作る ☞p.104「アンケート調査の発表」（1）発表の構成
▼	↓
【発表《はっぴょう》】	発表する ☞p.104「アンケート調査の発表」（2）発表の表現《ひょうげん》 質問に答える

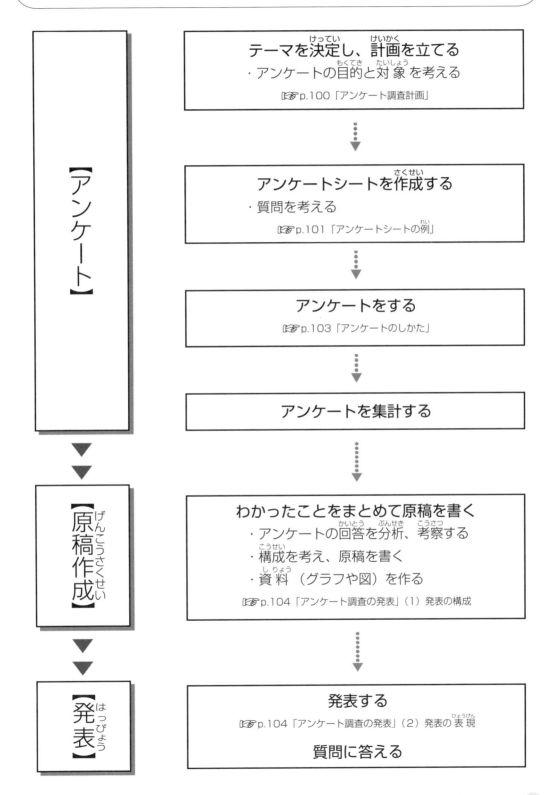

4

昔話《むかしばなし》

Ⅰ．はじめに
Ⅱ．情報《じょうほう》１：読み物
「昔話について」
Ⅲ．情報２：資料《しりょう》
Ⅳ．文集作《づく》り

I. はじめに

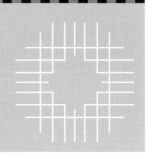

●話し合ってみましょう（下の言葉《ことば》を参考《さんこう》にしてください）

1.「昔話《むかしばなし》」と聞いたとき、どんなことを考えますか。

2. どんな昔話を知っていますか。

〈昔話〉

登場《とうじょう》人物

主人公《しゅじんこう》

場面《ばめん》

ストーリー

魔法《まほう》をかける

語《かた》り継《つ》ぐ

次《つぎ》の昔話のうち、いくつ知っていますか。

シンデレラ　白雪姫《しらゆきひめ》　かぐや姫

マッチ売りの少女　一寸法師《いっすんぼうし》

浦島太郎《うらしまたろう》　アラジンの魔法のランプ

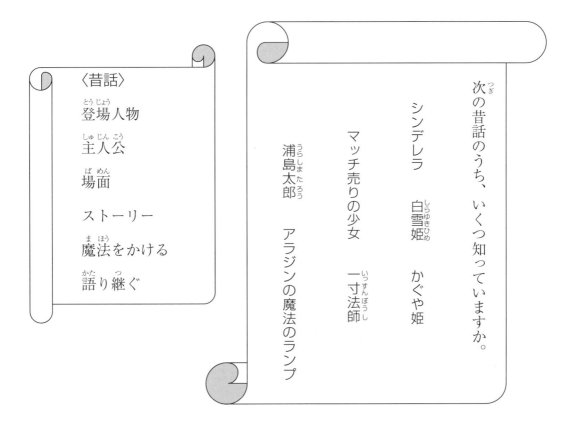

Ⅱ. 情報《じょうほう》 1：読み物

- 「昔話について」
- 「昔話について」を読んで
- 表現
- 言葉

●「昔話《むかしばなし》について」

どこの国でも、たいていの人は子供《こども》のころ母親から「お話」をしてもらった経《けい》験《けん》があるだろう。昔から、おばあさんからお母さんへ、お母さんから子供へと、人の口から口へ伝《つた》えられてきたお話を昔話と言う。

昔話には「昔、昔」という言葉《ことば》で始まるものがある。この短い言葉で、聞き手を別の世界へトリップさせ、最後《さいご》に「これで、おしまい」と言って、現実《げんじつ》の世界に戻《もど》すのだ。このような昔話の中には、本格《ほんかく》昔話（典型的《てんけいてき》な昔話）や、人間《にんげん》の言葉を話す動物の話や、歴史《れきし》的な伝説《でんせつ》や、笑《わら》い話《ばなし》などがある。本格昔話には、不《ふ》思議《しぎ》な世界や、不思議な生まれ方をした人物が多く登場《とうじょう》する。そして、主人公《しゅじんこう》たちが難題《なんだい》を与《あた》えられたり、何かを禁止《きんし》されたり、また不思議な力をもらったりする。主人公は、悪い敵《てき》と戦《たたか》ったり、意地悪な継母《ままはは》にいじめられたりするが、最後には幸《しあわ》せになる。敵や悪い登場人物はひどい目にあうことになる。

ところで、世界には同じモチーフの話が各地《かくち》に見られる。「王様《おうさま》の耳はロバの耳」という有名な昔話がポルトガルにあるが、チベットにもこれとよく似《に》た「角《つの》のある王様」という話がある。また、中国にある昔話と同じような話がヨーロッパやアラスカのイヌイットにもあるそうだ。このように、国境《こっきょう》を越《こ》え、民族《みんぞく》を越えて似《に》たような話が存在《そんざい》している。

では、昔話はいつごろどこで生まれたのだろうか。ある一つの場所で生まれ、その話が世界中に広まったのだろうか。起源《きげん》に関《かん》する学説は「ゲルマン民族の神《しん》話《わ》から生まれた」とか「インドで生まれて世界に広まった」などいろいろある。また、紀元《きげん》前15世紀《せいき》から12世紀ごろの古代オリエントやインドの記録《きろく》に残《のこ》っていることから、その時代にその地域《ちいき》で生まれたものとも考えられる。しかし、昔話《むかしばなし》はもともと文字《もじ》で伝《つた》えられるものではないので、記録《きろく》になくても存在《そんざい》していた可能性《かのうせい》があり、はっきりしたことはわからない。

イギリスの民俗《みんぞく》学者ラングによると、「昔話は各地《かくち》で別々《べつべつ》に生まれた。それが似《に》ているのは、人間《にんげん》の根源的《こんげんてき》な空想《くうそう》や考え方が世界のどの民族にも共通《きょうつう》しているからだろう」ということである。

いずれにしても、はっきり言えることは、たとえ世界中に同じ話があっても、昔話はその国、その民族の中で育《そだ》てられてきたものであることだ。ポルトガルでは「王様《おうさま》の耳はロバの耳」であるのに対《たい》して、チベットでは「王様には角《つの》がある」という話になっているのは、チベット人の生活《せいかつ》では角があるヤク（牛の一種《いっしゅ》）が一番《いちばん》身近《みぢか》な動物だからだろう。

このように、昔話は人々《ひとびと》の夢《ゆめ》と願《ねが》いをこめながら、何百年《なんびゃくねん》、何千年《なんぜんねん》もの間《あいだ》、ずっと語《かた》り継《つ》がれてきた、尊《とうと》い文化遺産《ぶんかいさん》だということができる。

（日本民話の会編《へん》『ガイドブック世界の民話』講談《こうだん》社 1988年

矢崎源九郎《やざきげんくろう》『子どもに聞かせる世界の民話』実業之《じつぎょうの》日本社 1964年 に基《もと》づく）

●「昔話《むかしばなし》について」を読んで

1．次《つぎ》の文を読んで、本文の内容《ないよう》と合っているものには○を、違《ちが》っているものには×を（　　）の中に入れてください。

1）（　　）　昔話は、人から人へと伝《つた》えられてきた話のことである。

2）（　　）　「昔、昔」という言葉《ことば》は、現実《げんじつ》から離《はな》れさせる力を持っている。

3）（　　）　どの昔話も「昔、昔」で始まり、「おしまい」で終わる。

4）（　　）　「王様《おうさま》の耳はロバの耳」というタイトルの昔話は、ポルトガルにもチベットにもある。

5）（　　）　「世界で初《はじ》めての昔話は、紀元《きげん》前 15 世紀《せいき》のインドで作られた」という記録《きろく》が見つかった。

6）（　　）　昔からポルトガルではロバが身近《みぢか》な動物であったと考えられる。

2．次の質問に答えてください。

1）本格《ほんかく》昔話の主人公《しゅじんこう》について説明してください。

2）ラングは、世界中に同じような話があるのはどうしてだと言っていますか。

3）「王様の耳はロバの耳」のように、世界中によく似《に》た話があります。ほかの例《れい》を知っていますか。

● 表現《ひょうげん》

1．どこの～でも

1）どこのコンビニでも、チケットの予約《よやく》ができる。

2）Eメールは便利《べんり》な通信手段《つうしんしゅだん》として、今ではどこの国でも使われている。

3）このカードはどこの店でも使えると宣伝《せんでん》していた。

4）どこの大学でも、＿＿＿＿＿＿＿＿＿＿＿＿＿＿＿＿＿＿＿＿。

5）どこのレストランでも、＿＿＿＿＿＿＿＿＿＿＿＿＿＿＿＿＿＿。

6）どこの＿＿＿＿＿＿＿＿＿＿＿＿＿＿でも、＿＿＿＿＿＿＿＿

＿＿＿＿＿＿＿＿＿＿＿＿＿＿＿＿＿＿＿＿＿＿＿＿＿＿＿＿＿＿。

●どこの国でも、たいていの人は子供《こども》のころ母親から「お話」をしてもらった経験《けいけん》があるだろう。

解説《かいせつ》 どこの【N】でも…

⇒すべての【N】について「…」ということが言える。

2．～という～で

1）ヤンさんは、「わたしの見た日本」という題でスピーチをした。

2）シュバイツァーは医学の分野で有名だが、音楽家という肩書《かたが》きで仕事をしたことはあまり知られていない。

3）＿＿＿＿＿さんは＿＿＿＿＿というニックネームで呼《よ》ばれている。

4）＿＿＿＿＿＿＿＿＿＿＿＿＿＿という＿＿＿＿＿＿＿＿＿＿で

＿＿＿＿＿＿＿＿＿＿＿＿＿＿＿＿＿＿＿＿＿＿＿＿＿＿＿＿＿＿。

●昔話《むかしばなし》には「昔、昔」という言葉《ことば》で始まるものがある。

解説 【N_1】という【N_2】で…

⇒【N_1】は【N_2】を具体的《ぐたいてき》に説明する。【N_2】を使って、「…」をする。

3．～ことになる

1）今この仕事をキャンセルすると、相手《あいて》の会社に迷惑《めいわく》をかけることになる。

2）A：ここにダムができるらしいよ。

B：じゃ、この村はダムの底《そこ》に沈《しず》んでしまうことになるね。

3）今、緑《みどり》を増《ふ》やす努力《どりょく》をしないと、将来《しょうらい》子供《こども》たちが困《こま》ることになる。

4）交通《こうつう》ルールを守《まも》らないと、＿＿＿＿＿＿＿＿＿＿＿＿＿＿＿ことになる。

5）A：来年アメリカに留学《りゅうがく》することに決《き》めました。

B：それじゃ、＿＿＿＿＿＿＿＿＿＿＿＿＿＿＿＿＿ことになるね。

6）＿＿＿＿＿＿＿＿＿＿＿＿＿＿＿＿＿＿＿＿＿＿＿＿＿ことになる。

●敵《てき》や悪い登場《とうじょう》人物はひどい目にあうことになる。

解説【V-る／V-ない】ことになる

⇒あることが起きると、【V-る／V-ない】という結果《けっか》になる。ある状態《じょうたい》、性質《せいしつ》なら当然《とうぜん》、【V-る／V-ない】いう結果になる。

4．～ことから～と考えられる／思われる／判断《はんだん》される

1）例年《れいねん》より雨量《うりょう》が多いことから、水不足《ぶそく》の心配《しんぱい》はないと思われる。

2）地球《ちきゅう》が温暖化《おんだんか》していることから、海面《かいめん》が上がって陸地《りくち》がだんだん減《へ》っていくと考えられている。

3）数《すう》万年前の魚の骨《ほね》が発見されたことから、この辺《あた》りは、昔《むかし》は海だったと判断される。

4）小さい頃《ころ》からパソコンに慣《な》れている子供が増《ふ》えていることから、＿＿＿＿＿＿＿＿＿＿＿＿＿＿＿＿＿＿＿＿＿と思われる。

5）日本では、子供の数《かず》が少なくなっていることから、＿＿＿＿＿＿＿＿＿＿＿＿＿＿＿＿＿＿と＿＿＿＿＿＿＿＿＿。

6）＿＿＿＿＿＿＿＿＿＿＿＿＿＿＿＿＿＿＿＿＿＿＿＿ことから、＿＿＿＿＿＿＿＿＿＿＿＿＿＿＿＿と＿＿＿＿＿＿＿＿＿。

●昔話は、紀元《きげん》前15世紀《せいき》から12世紀ごろの古代オリエントやインドの記録《きろく》に残《のこ》っていることから、その時代にその地域《ちいき》で生まれたものとも考えられる。

解説【S】ことから、…

注）【N-だ】→【N-である】、【Na-だ】→【Na-な】

⇒【S】の理由《りゆう》で「…」と考えることができる。話し手が、考えたこととその理由を言うときによく使う。

5．いずれにしても

1）ビール工場の見学に参加《さんか》するかどうかまだわからないが、いずれにしても今週中に連絡《れんらく》しなければならない。

2）ノート型《がた》にするかデスクトップ型にするか、いずれにしても近いうちにパソコンを購入《こうにゅう》するつもりだ。

3）「少し遅《おそ》くなるかもしれませんが、いずれにしても資料《しりょう》は必《かなら》ずお送りします」

4）＿＿＿＿＿＿＿＿＿＿＿＿＿＿＿＿＿＿＿＿、いずれにしてもいつか自分で会社を作りたいと考えている。

5）卒業《そつぎょう》後進学するか就職《しゅうしょく》するか、いずれにしても＿＿＿＿＿＿＿＿＿＿＿＿＿＿＿＿＿＿＿＿＿＿＿＿＿＿＿＿。

6）＿＿＿＿＿＿＿＿＿＿＿＿＿＿＿＿＿＿＿＿、いずれにしても＿＿＿＿＿＿＿＿＿＿＿＿＿＿＿＿＿＿＿＿＿＿＿＿。

●昔話《むかしばなし》の起源《きげん》についてはいろいろな学説があるが、いずれにしても、はっきり言えることは、昔話はその国、その民族《みんぞく》の中で育《そだ》てられてきたものであることだ。

解説　いずれにしても、…
⇒いろいろな可能性《かのうせい》があるが、「…」は確《たし》かなことだ。話し手は「…」を言いたい。

6．たとえ〜ても

1）たとえ両親《りょうしん》が許《ゆる》してくれなくても、ぼくは彼女《かのじょ》と結婚《けっこん》するつもりだ。

2）たとえ子供でも、自分のやったことには責任《せきにん》をとらなくてはならない。

3）たとえそのうわさが本当《ほんとう》でも、わたしの気持ちは変《か》わらない。

4）たとえどんなにつらいことがあっても、＿＿＿＿＿＿＿＿＿＿＿＿＿＿＿＿＿＿＿＿。

5）たとえみんなが反対《はんたい》しても、＿＿＿＿＿＿＿＿＿＿＿＿＿＿＿＿＿＿＿＿＿＿。

●たとえ世界中に同じ話があっても、昔話はその国、その民族の中で育てられてきたものである。

解説　たとえ【N で／Na- で／A- くて／V- て】も、…
⇒もし【N で／Na- で／A- くて／V- て】の場合があっても、「…」は確実《かくじつ》だ。話し手は「…」を強く言いたい。

●言葉《ことば》

昔話	むかしばなし
たいてい	たいてい
	・会社に行ったら、たいていの人はそのニュースを知っていた。
	・小川《おがわ》さんは、毎朝たいてい８時ごろ学校に来る。
聞き手	ききて
トリップ（する）	トリップ
おしまい	おしまい
戻す	もどす
	・使い終わったはさみを元《もと》の場所に戻しておいた。
本格	ほんかく
伝説	でんせつ
不思議（な）	ふしぎ
人物	じんぶつ
登場（する）	とうじょう
	・舞台《ぶたい》が明るくなって、ハムレットが登場した。
主人公	しゅじんこう
難題	なんだい
禁止（する）	きんし
敵	てき
戦う	たたかう
意地悪（な）	いじわる
	・意地悪な兄は、弟におもちゃを貸してやらなかった。
継母	ままはは
いじめる	いじめる
ひどい目（にあう）	ひどいめ（にあう）
ロバ	ロバ
ポルトガル	ポルトガル
チベット	チベット
似る	にる
	・リーさんはお父さんによく似ているらしい。
	・この町の風景《ふうけい》は、私の生まれた町とよく似ている。
角	つの
アラスカ	アラスカ
イヌイット	イヌイット

国境	こっきょう
越える	こえる
	・トンネルができる前は、山を越えて隣《となり》の町まで行っていた。
民族	みんぞく
存在（する）	そんざい
	・この空のどこかに、地《ち》球《きゅう》と同じような星《ほし》が存在すると考えられる。
起源	きげん
学説	がくせつ
ゲルマン	ゲルマン
神話	しんわ
広まる	ひろまる
	・そのうわさは、あっという間《ま》に町中に広まった。
紀元前	きげんぜん
～世紀	～せいき
古代	こだい
オリエント	オリエント
記録（する）	きろく
民俗学者	みんぞくがくしゃ
根源的（な）	こんげんてき
空想	くうそう
共通（する）	きょうつう
	・日本語と中国語は、漢字を使う点《てん》で共通している。
ヤク	ヤク
一種	いっしゅ
	・イルカはクジラの一種だ。
身近（な）	みぢか
こめる	こめる
	・心をこめて作った料理を、ガールフレンドに食べてもらった。
何～も	なん～も
語り継ぐ	かたりつぐ
	・昔話《むかしばなし》は長い間《あいだ》、親から子へと語り継がれてきた。
尊い	とうとい
	・大地震《じしん》で多くの人の尊い命《いのち》が失《うしな》われた。
遺産	いさん

Ⅲ. 情報《じょうほう》2：資料《しりょう》

●昔話の構成要素・話の種類
●日本の昔話

● 昔話《むかしばなし》の構成要素《こうせいようそ》・話の種類《しゅるい》

1．昔話の構成要素

a．不思議《ふしぎ》な場所

例《れい》）・海の中のお城《しろ》
・雲《くも》の上の家
・月の世界
・鬼《おに》が住んでいる島《しま》

b．不思議な力（人、道具《どうぐ》など）

例）・魔法《まほう》使い
・魔法のランプ
・妖精《ようせい》
・魔法のつえ
・魔法の鏡《かがみ》
・かっぱ

c．伝《つた》えたいメッセージ

例）・悪いことをするとひどい目にあう
・困難《こんなん》を乗り越《こ》えて幸《しあわ》せになる

2．口から口へ伝えられる話の種類

・神話《しんわ》……ギリシャ神話
・昔話……「ももたろう」「シンデレラ」
・伝説《でんせつ》……湖《みずうみ》の伝説

●日本の昔話《むかしばなし》

「一寸法師《いっすんぼうし》」

昔、昔、あるところにおじいさんとおばあさんが住んでいました。このおじいさんとおばあさんには子供《こども》がいませんでしたので、「子供が生まれますように」と毎日神様《かみさま》にお願《ねが》いしていました。そして、とうとう子供が生まれました。しかし、この子供は手の指《ゆび》ぐらいのとても小さい子供でした。そこで「一寸法師」と名前をつけ、とても大切に育《そだ》てました。一寸法師はとても元気な子供でした。けれども、何年たっても大きくなりませんでした。

ある時、一寸法師は「都《みやこ》でさむらいになりたい」と言いました。おじいさんとおばあさんはとても心配《しんぱい》でしたが、一寸法師がどうしても都に行きたいと言うので、しかたがなく、おわんとはしと針《はり》を持たせて旅立《たびだ》たせました。一寸法師は、おわんを舟《ふね》に、はしを櫂《かい》に、針を刀《かたな》にして、途中《とちゅう》で何度も大きい岩《いわ》にぶつかりながら川をくだっていきました。

都には人がたくさんいました。踏《ふ》まれないように注意しながら道を歩いていると、立派《りっぱ》な家の前に出ました。そこは大臣《だいじん》の家でした。玄関《げんかん》へ行くと、中から人が出てきて一寸法師をつまみ上げ「今までこんなに小さな人は見たことがない」と言ってお姫様《ひめさま》のところに連《つ》れて行きました。一寸法師は、お姫様の前でとても上手《じょうず》に歌ったり、踊《おど》ったりしました。お姫様は一寸法師がとても気に入りました。一寸法師は大臣の家で生活《せいかつ》することになり、お姫様が出かけるときはいつも一緒《いっしょ》に行きました。

ある日、お姫様は清水寺《きよみずでら》へお参《まい》りに行きました。その帰り道で、突然鬼《とつぜんおに》が出てきました。一寸法師《いっすんぼうし》はお姫様《ひめさま》を守《まも》るため戦《たたか》おうとしましたが、鬼《おに》は一寸法師をつまみ上げ、「こんなに小さいおまえに何ができる」と笑《わら》いながら、飲みこんでしまいました。一寸法師は鬼のお腹の中《なか》で、針《はり》の刀《かたな》を使って力いっぱい刺《さ》しました。鬼は「痛《いた》い。痛い」と叫《さけ》びながら一寸法師を鼻《はな》から出して、泣《な》きながら逃《に》げて行きました。

鬼

鬼は逃げて行く途中《とちゅう》で宝物《たからもの》を落《お》としていきました。お姫様はそれを拾《ひろ》って「これは『うちでのこづち』というものです。これを振《ふ》れば願《ねが》いが何でもかなうそうですよ。あなたは何がほしいですか」と言いました。一寸法師は「大きくなりたいです」と答えました。お姫様は「一寸法師、大きくなあれ。一寸法師、大きくなあれ」と言いながら、『うちでのこづち』を振りました。すると、一寸法師はみるみるうちに大きくなり、りっぱな若者《わかもの》になりました。それから、お姫様は、一寸法師のお嫁《よめ》さんになりました。一寸法師はおじいさんとおばあさんを都《みやこ》へ呼《よ》んで、みんなでいつまでも幸《しあわ》せに暮《く》らしました。めでたしめでたし。

うちでのこづち

清水寺《きよみずでら》：京都の有名なお寺《てら》。
つまみ上げる：指《ゆび》で持ち上げる。
宝物《たからもの》：とてもめずらしい大切なもの。
願いがかなう：希望《きぼう》したことが本当《ほんとう》になる。
めでたしめでたし：昔話《むかしばなし》などで最後《さいご》に幸せになったときに言う言葉《ことば》。

Ⅳ. 文集作《づく》り

・あなたの知っている昔話《むかしばなし》について書いてください。
その話について、感《かん》じたり考えたりしたことを書きましょう。
・プロフィールシートを作って、文集に入れましょう。

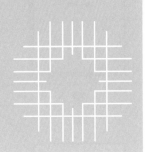

●文集作《づく》りの流《なが》れ

【準備《じゅんび》】

書く話を選《えら》ぶ

選んだ話を分析《ぶんせき》する

似《に》ている話との比較《ひかく》、その話から読み取《と》れるメッセージなどを考える

【原稿作成《げんこうさくせい》】

原稿を書く

・ストーリーを書く
・分析、考察《こうさつ》したことを書く

☞p.75「昔話について書きましょう」

自分のプロフィールシートを作る

・自分についてのプロフィールを書く
・ほかの人に自分の印象《いんしょう》を書いてもらう

☞p.76「プロフィールシートの例《れい》」

【編集《へんしゅう》】

編集する

表紙《ひょうし》、カット、順番《じゅんばん》、目次《もくじ》、ページ

文集を作成する

コピーをしてとじる

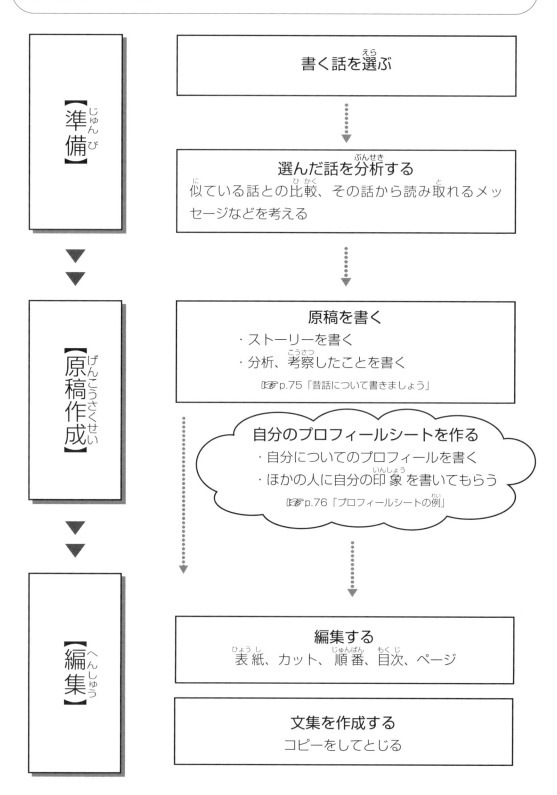

●昔話《むかしばなし》について書きましょう

名前＿＿＿＿＿＿＿＿＿＿

1．何の話について書きますか。

2．その話に出てくる登場《とうじょう》人物や動物を書いてください。

3．そのストーリーを簡単《かんたん》に書いてください。

4．その話のメッセージは何だと思いますか。

5．それについてどう考えますか。

●プロフィールシートの例《れい》

氏《し》　名《めい》	Manuela Marchitelli（マヌエラ・マルキテッリ）
出《しゅっ》　身《しん》	イタリア
誕生日《たんじょうび》	4月25日
専《せん》　門《もん》	日本語と日本文学
趣《しゅ》　味《み》	本を読むことやギターを弾《ひ》くことなどが大好き
家　族	4人　母と父とにぎやかな弟です
日本の印象《いんしょう》	日本は近代的《てき》な国で、すべての問題に答えがあります
日本の思い出	日本人の心がわからないとき、少し待ってその心を見つけようとすればいいということを学《まな》びました

【クラスメートから一言】

◇ マヌエラはいつも面白《おもしろ》いことをやっている。マヌエラと一緒《いっしょ》に遊《あそ》ぶのは楽しいので、僕《ぼく》たちは時々授業《ときどきじゅぎょう》でも遊ぶ！

◇ いつも明るくて元気ですね。クラスで一番《いちばん》意見を述《の》べられる人です。

◇ マヌエラさんはいつも楽しいようです。明るい笑《わら》いが魅力《みりょく》です。

◇ Hello, beautiful people！　マヌエラさんに会ったら、悪いことがあっても心がすぐあたたかくなります。スマイルを続《つづ》けてください。

◇ わたしたちの太陽《たいよう》です。いつも笑っていて、とても楽しい雰囲気《ふんいき》の人です。

5

住宅《じゅうたく》

Ⅰ．はじめに
Ⅱ．情報《じょうほう》１：グラフ
Ⅲ．情報２：読み物「玄関《げんかん》」
Ⅳ．調査発表《ちょうさはっぴょう》：インタビュー

Ⅰ. はじめに

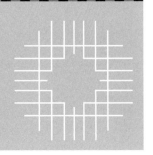

●話し合ってみましょう（下の言葉《ことば》を参考《さんこう》にしてください）

1．国でどんな家に住んでいますか。

2．どんな家に住みたいと思いますか。広さ、間取《まど》り、環境《かんきょう》、価格《かかく》。

3．日本のマンションや一戸建《いっこだ》ての販売広告《はんばいこうこく》を見てみましょう。

〈環境〉

自然《しぜん》

都心　郊外《こうがい》　いなか

日当《ひあ》たりがいい／悪い

〈住宅《じゅうたく》の種類《しゅるい》〉

マンション　アパート　一戸建て

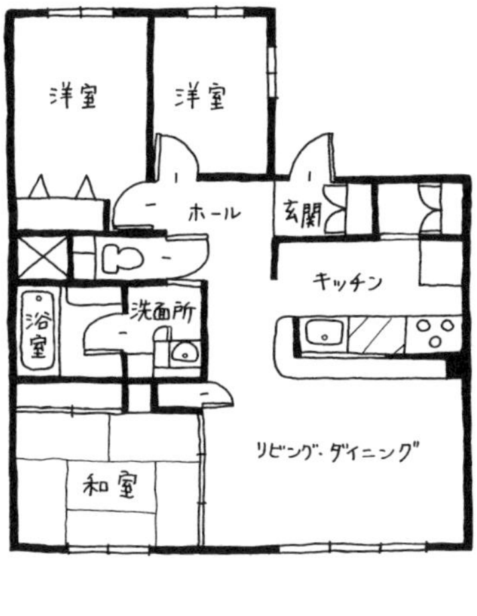

〈住宅の作り〉

3LDK　玄関《げんかん》　間取り　和室《わしつ》

〈家を借りる、買う〉

持ち家　賃貸《ちんたい》　家賃《やちん》　住宅ローン

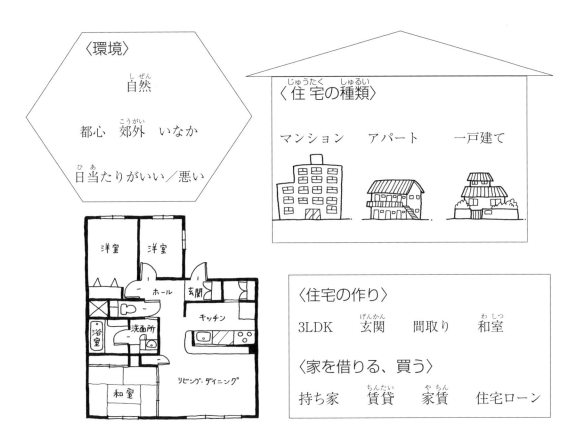

Ⅱ. 情報《じょうほう》1：グラフ

グラフからどんなことがわかりますか。説明して話し合いましょう。

☞p.97「グラフの読み方」

A　都心と郊外《こうがい》の学生の平均家賃《へいきんやちん》

	都心（23 区内《ない》）	郊外（23 区外）
家賃 + 管理費《かんりひ》	63,491 円	54,204 円
（家賃）	60,290 円	51,390 円
（管理費）	3,201 円	2,814 円
通学時間	28.9 分	13.5 分
電車バス通学の割合《わりあい》	76.4%	23.1%

対象者《たいしょう》：東京首都圏《けん》の 160 大学に通う新入生 2,895 人
（学生 WALKER「みんなの家賃どれくらい？最新版《さいしんばん》」2017 年に基《もと》づく）

B　持ち家率《りつ》の推移《すいい》

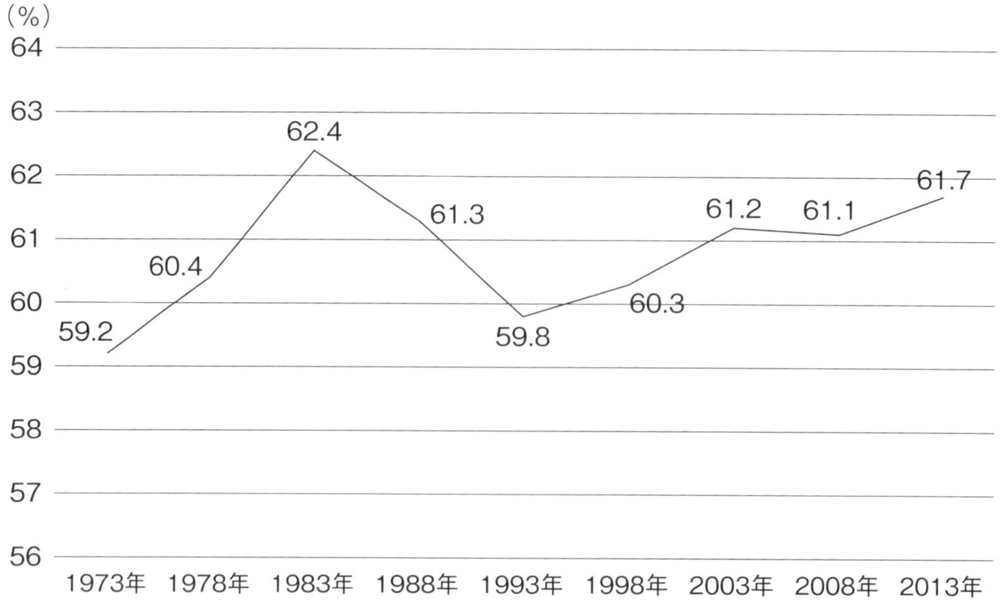

（総務省統計局《そうむしょうとうけいきょく》「平成《へいせい》25 年住宅《じゅうたく》・土地統計調査《ちょうさ》」2013 年に基づく）

C　住宅床面積《じゅうたくゆかめんせき》の国際比較《こくさいひかく》

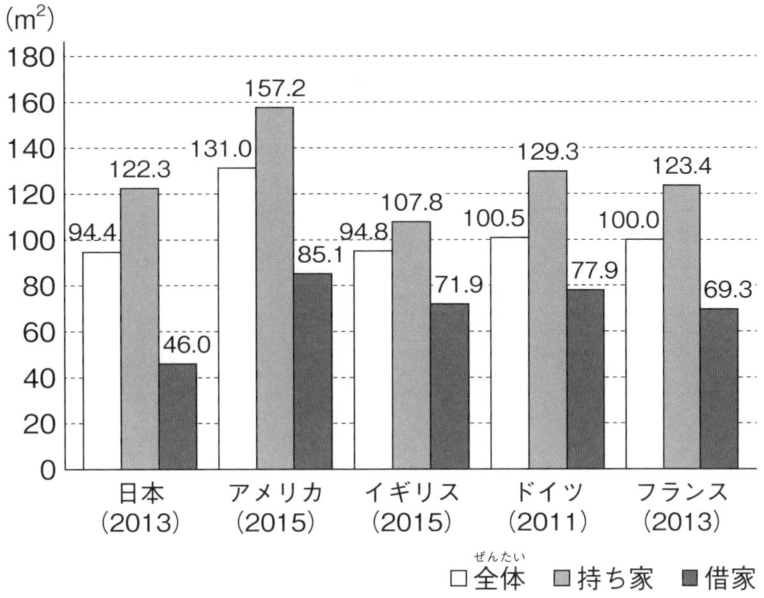

日　　本：総務省統計局《そうむしょうとうけいきょく》「平成《へいせい》25 年住宅・土地統計調査《ちょうさ》」2013 年
アメリカ：U.S.Census Bureau, 2015 American Housing Survey
イギリス：Department for Communities and Local Government, English Housing Survey Statistical data sets
ド イ ツ：Statistisches Bundesamt, Statistisches Jahrbuch Deutschland und Internationales 2014
フランス：Insee, enquête logement 2013

D　住宅で重視《じゅうし》するポイント

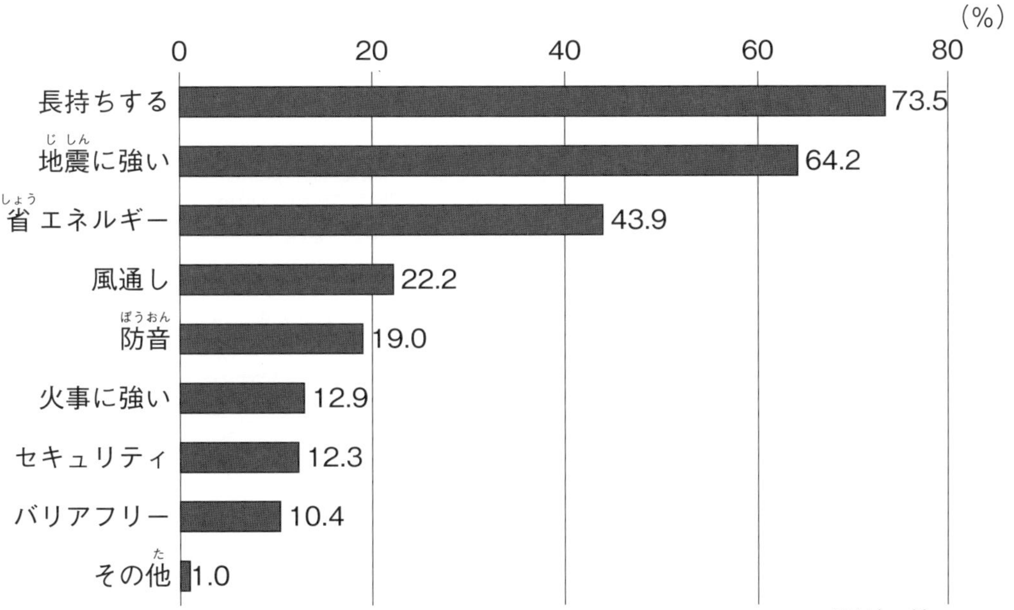

対象《たいしょう》者数《すう》：626 人

（住宅金融支援機構《きんゆうしえんきこう》「平成 30 年度における住宅市場動向《しじょうどうこう》について」2018 年に基《もと》づく）

E-1　一戸建《いっこだ》て・共同住宅《きょうどうじゅうたく》の割合《わりあい》

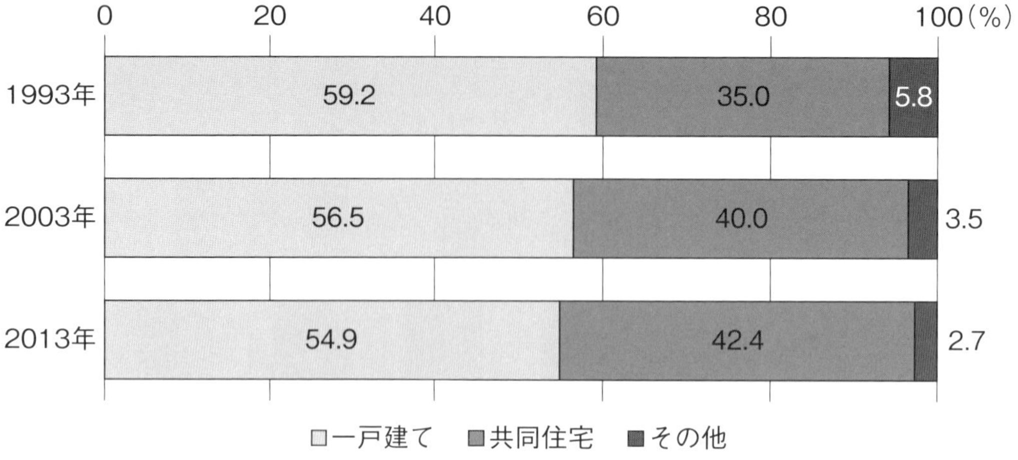

（総務省統計局《そうむしょうとうけいきょく》「平成《へいせい》25年住宅《じゅうたく》・土地統計調査《ちょうさ》」2013年に基《もと》づく）

E-2　マンションか一戸建てを選《えら》んだ理由《りゆう》トップ10

	新築《しんちく》マンション	一戸建て
1位《い》	セキュリティ	広さ
2位	駅からの距離《きょり》	間取《まど》り
3位	管理《かんり》	駐車場《ちゅうしゃ》
4位	生活環境《せいかつかんきょう》	価格《かかく》
5位	価格	駅からの距離
6位	災害《さいがい》に強い	生活環境
7位	眺《なが》め	庭《にわ》・バルコニー
8位	設備《せつび》	風通し、日当《あ》たり
9位	風通し、日当たり	防音《ぼうおん》
10位	コミュニティ	災害に強い

対象《たいしょう》者：マンションか一戸建てを購入《こうにゅう》した人100人
（SUUMO「12項目《こうもく》で比較《ひかく》　マンションVS一戸建て」2017年に基づく）

F-1　シェアハウスの入居者《にゅうきょ》で最《もっと》も多い年齢層《ねんれいそう》

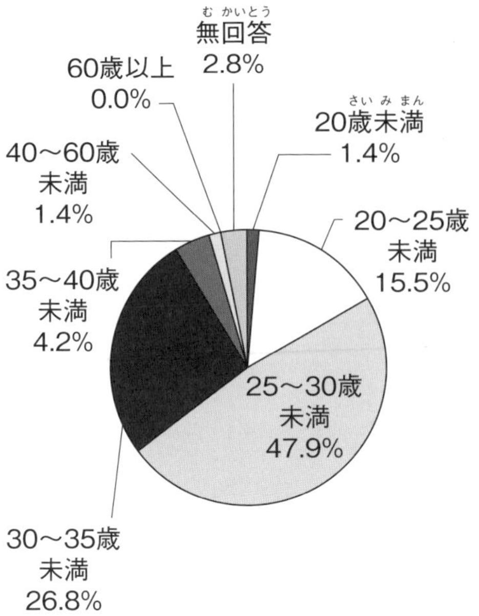

F-2　シェアハウスの男女比《ひ》

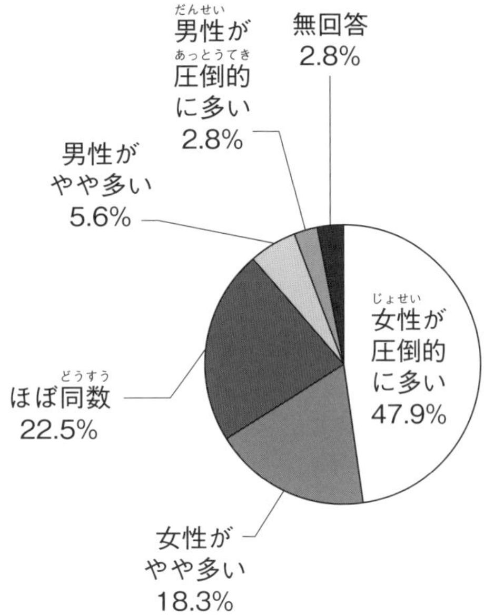

F-3　シェアハウス入居者の国籍《こくせき》（複数《ふくすう》回答）

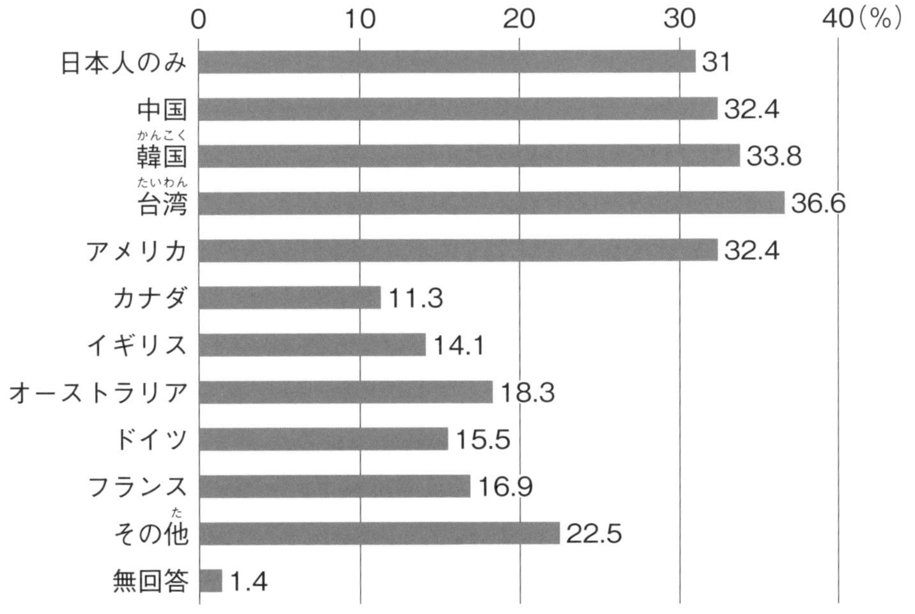

（国土交通省《こうつうしょう》「シェアハウスの市場動向調査結果《しじょうどうこうちょうさけっか》について」2015 年に基《もと》づく）

Ⅲ. 情《じょう》報《ほう》２：読み物

- 「玄関」
- 「玄関」を読んで
- 表現
- 言葉

● 「玄関《げんかん》」

日本では靴《くつ》を脱《ぬ》いで部屋《へや》に入るのが一般的《いっぱんてき》である。戸《と》を開けるとすぐリビングルームになっているのではなく、「玄関」というスペースがあって、そこで履物《はきもの》を脱ぐ。

「玄関」というのは、もともと仏教《ぶっきょう》の用語で、入門という意味の言葉《ことば》であったが、その後、外の人と応対《おうたい》する空間を表《あらわ》す言葉として使われるようになった。では、「玄関」とはどのような場所だろうか。ちょっとのぞいてみよう。まず、履物を収納《しゅうのう》する「下駄箱《げたばこ》」がある。それから、傘《かさ》を入れる「傘立て」やスリッパを入れる「スリッパ立て」がたいていの家に見られる。飾《かざ》りとして、花、絵、人形、植木鉢《うえきばち》などを置《お》いている家も多い。近年、東京のような都会では、一戸建《いっこだ》て住宅《じゅうたく》は高く、一般のサラリーマンにはとても買えないのでアパートやマンションといった集合住宅に住む人が増《ふ》えている。そして、玄関に広いスペースをとることも難《むずか》しくなった。また、住宅様式《ようしき》が西洋化《か》するのにともなって畳《たたみ》のある和室《わしつ》は少なくなり、住宅から日本的な要素《ようそ》が失《うしな》われてきた。このように住宅の広さや様式が変《か》わってきたが、玄関は、どのうちにも必《かなら》ずついている。

「玄関」と聞いたとき、日本人は「靴を脱いだり履《は》いたりする場所」という以外にどんなことを思い浮《う》かべるであろうか。ある留学生《りゅうがくせい》が何人かの日本人に聞いてみたら、「うちという感《かん》じがする」「帰ってきたという感じがする」「荷物《にもつ》を下ろしてホッとする所」などの答えが返《かえ》ってきたそうだ。家に帰って玄関で履物を脱ぐと開放《かいほう》的な気分になる。そこから「内《うち》」の世界に切り替《か》わる。「うち」とは、どんな格好《かっこう》をしていても許《ゆる》される気楽な場所である。夏の暑い日など、男性《だんせい》が家の中で下着《したぎ》だけになれるというのも、外の緊張感《きんちょうかん》から解放《かいほう》される「内《うち》」の中だからだろう。玄関《げんかん》は「外」から「内」への気分転換《てんかん》をはかる場所になっている。こうして見てくると、どうやら、玄関は日本人にとって、ただの出入り口でもなく、また家を清潔《せいけつ》にしておくために履物《はきもの》を脱《ぬ》いだり履《は》いたりするだけの場所でもなさそうだ。玄関は、物理的《てき》な空間であると同時に精神《せいしん》的な空間でもあるのではないだろうか。建築様式《けんちくようしき》は時代とともに変化《へんか》しても、そのような機能《きのう》を持つ玄関そのものは残《のこ》っていくであろう。

(参考文献《さんこうぶんけん》：メルヴィン・リー「玄関－日本社会の縮図《しゅくず》」『1993-1994年度 日本語日本文《ぶん》化《か》研修《けんしゅう》コース研究レポート集』名古屋大学留学生《りゅうがくせい》センター)

●「玄関《げんかん》」を読んで

1．次《つぎ》の文を読んで、本文の内容《ないよう》と合っているものには○、違《ちが》っているものには×を（　）の中に入れてください。

1）（　　）　日本では、家の入り口の戸《と》を開けた所に玄関がある。

2）（　　）　「玄関」という言葉《ことば》は、初《はじ》めは仏教《ぶっきょう》で使われていた言葉である。

3）（　　）　玄関は、下駄箱《げたばこ》、傘《かさ》立て、スリッパ立てを置《お》くための場所である。

4）（　　）　住宅《じゅうたく》が西洋化《か》して和室《わしつ》が少なくなってきたが、玄関の広さは以前と変《か》わらない。

5）（　　）　玄関で靴《くつ》を脱《ぬ》ぐと、日本人は精神的《せいしんてき》にも解放《かいほう》された気持ちになる。

6）（　　）　時代が変わると、玄関の機能《きのう》も変わっていく。

2．次の質問に答えてください。

1）近年、日本の住宅はどのように変わりましたか。

2）日本人にとって、玄関は、物理的空間としてどのような役割《やくわり》を果《は》たしていますか。

3）精神的空間としての玄関はどのような役割を果たしていますか。

● 表現《ひょうげん》

1．～の

1）朝から忙《いそが》しくて、友達《ともだち》に電話をするのをすっかり忘《わす》れてしまった。

2）若《わか》いうちに外国で暮《く》らしてみるのはいい経験《けいけん》になると思う。

3）ふだん遊《あそ》んでばかりいる山下君《くん》がテストで100点《てん》を取《と》ったのには驚《おどろ》いた。

4）＿＿＿＿＿＿＿＿＿＿＿＿＿＿＿＿のは、とてもいい思い出になるだろう。

5）言葉《ことば》を上達《じょうたつ》させるには＿＿＿＿＿＿＿＿＿＿＿＿＿＿のが一《いち》番効果《ばんこうか》があると思います。

6）＿＿＿＿＿＿＿＿＿＿とき、＿＿＿＿＿＿＿＿＿＿＿＿＿のには、本当《ほんとう》に困《こま》ってしまった。

7）＿＿＿＿＿＿＿＿＿＿＿＿＿＿＿＿＿＿＿＿のを知って＿＿＿＿＿＿＿＿＿＿＿＿＿＿＿＿＿＿＿＿＿＿＿＿。

● 日本では靴《くつ》を脱《ぬ》いで部屋《へや》に入るのが一般的《いっぱんてき》である。

解説《かいせつ》 【S】の　　注）【N-だ】→【N-な】、【Na-だ】→【Na-な】
⇒【S】を名詞化《めいしか》する。

2．～や～といった～

1）チョコレートやジュースといった糖分《とうぶん》の多いものをとりすぎるのは、体によくない。

2）結婚祝《けっこんいわ》いには、なべや食器《しょっき》といった実用《じつよう》的な品物が多く選《えら》ばれる。

3）最近《さいきん》若い女性《じょせい》の中に大型《おおがた》トラックの運転手や建築現場《けんちくげんば》の技術《ぎじゅつ》者といった職業《しょくぎょう》を選ぶ人が増《ふ》えてきている。

4）＿＿＿＿＿＿＿＿＿＿や＿＿＿＿＿＿＿＿＿＿といった東南アジアの国へ行ってみたいと思っている。

5）わたしの国では＿＿＿＿＿＿＿＿＿＿＿＿や＿＿＿＿＿＿＿＿＿＿＿＿といった＿＿＿＿＿＿＿＿＿＿＿＿が有名です。

6）最近《さいきん》＿＿＿＿＿＿＿＿＿＿や＿＿＿＿＿＿＿＿＿＿といった余暇《よか》の過《す》ごし方をする人が多い。

7）＿＿＿＿＿＿＿や＿＿＿＿＿＿＿といった＿＿＿＿＿＿＿＿＿＿＿＿。

●アパートやマンションといった集合住宅《じゅうたく》に住む人が増《ふ》えている。

解説 【N₁】や【N₂】といった【N₃】

⇒【N₃】にはいろいろあるが、たとえば【N₁】や【N₂】がある。

3．～にともなって

1）パソコンの普及《ふきゅう》にともなって、漢字を書けない人が増えてきた。

2）地球《ちきゅう》が温暖化《おんだんか》するのにともなって、生態系《せいたいけい》が変《か》わってきている。

3）土地《とち》開発が進むのにともなって、公共《こうきょう》施設《しせつ》が次々《つぎつぎ》と建てられた。

4）携帯《けいたい》電話の増加《ぞうか》にともなって＿＿＿＿＿＿＿＿＿＿＿＿＿＿＿＿＿＿。

5）＿＿＿＿＿＿＿＿＿＿＿＿＿＿＿＿＿＿＿＿＿＿＿＿にともなって、自然《しぜん》の緑《みどり》が減少《げんしょう》している。

6）女性《じょせい》の晩婚《ばんこん》化にともなって、＿＿＿＿＿＿＿＿＿＿＿＿＿＿＿＿＿＿。

7）＿＿＿＿＿＿＿＿＿＿＿＿＿＿＿＿＿＿＿＿＿＿＿＿にともなって、

＿＿＿＿＿＿＿＿＿＿＿＿＿＿＿＿＿＿＿＿＿＿＿＿＿＿＿＿＿＿。

●住宅様式《ようしき》が西洋化するのにともなって畳《たたみ》のある和室《わしつ》が少なくなった。

解説 【N／V-るの】にともなって…

⇒【N／V-るの】の変化《へんか》といっしょに「…」の変化が起きる。（書き言葉《ことば》）

4．～てくる

1）明日、国の家族から電話がかかってくる予定《よてい》だ。

2）電車の窓《まど》から外をながめていると、めずらしい花やきれいな色の屋根《やね》が目に飛《と》び込《こ》んできた。

3）新宿《しんじゅく》を歩いていたら、知らない人が話しかけてきた。

4）最近＿＿＿＿＿＿＿＿＿＿＿＿＿＿＿＿＿＿＿＿＿＿＿＿＿＿という電話がよくかかってきて、困《こま》っている。

5）友達《ともだち》が＿＿＿＿＿＿＿＿＿＿＿＿＿＿＿＿＿＿＿＿を知らせてきた。

6）＿＿＿＿＿＿＿＿＿＿＿＿＿＿＿＿＿＿＿＿＿＿＿＿＿＿＿てきた。

●ある留学生《りゅうがくせい》が何人かの日本人に聞いてみたら、「うちという感《かん》じがする」「帰ってきたという感じがする」「荷物《にもつ》を下ろしてホッとする所」などの答えが返《かえ》ってきたそうだ。

解説 【V-て】くる
⇒【V-て】の動作《どうさ》が話し手の方に向《む》かって起きる。

5．～と同時に

1）この映画は男女の愛《あい》の物語《ものがたり》が楽しめると同時に事件《じけん》の謎《なぞ》を解《と》くおもしろさもある。

2）彼《かれ》はファッションショーの成功《せいこう》で、大金を得《え》ると同時に世界で認《みと》められるようになった。

3）卒業《そつぎょう》は一つの終わりであると同時に次《つぎ》のステップの始まりでもある。

4）すべてのものにはメリットがあると同時にデメリットもあることを忘《わす》れないほうがいい。

5）自分の意見をはっきり述《の》べると同時にほかの人の話をしっかり聞くことも大切だ。

6）留学は異文化《いぶんか》体験ができると同時に＿＿＿＿＿＿＿＿＿＿＿＿＿＿＿。

7）＿＿＿＿＿＿＿＿＿＿＿＿と同時に＿＿＿＿＿＿＿＿＿＿＿＿＿＿＿。

●玄関《げんかん》は、物理的《てき》な空間であると同時に精神《せいしん》的な空間でもあるのではないだろうか。

解説 【V／A／Naである／Nである】と同時に…
⇒【V／A／Naである／Nである】と「…」の二つのことが同時に成立《せいりつ》する。
「…」では助詞《じょし》「も」を使うことが多い。

●言葉《ことば》

リビングルーム	リビングルーム
玄関	げんかん
履物	はきもの
入門	にゅうもん
応対（する）	おうたい ・デパートの新入社員研修《けんしゅう》は「お客様《きゃくさま》との応対のしかた」から始まる。
のぞく	のぞく ・パーティー会場をのぞいてみたが、知っている人がいなかったのですぐ帰ってきた。
収納（する）	しゅうのう ・今度引っ越《こ》したマンションは収納する場所が少ないので荷物《にもつ》が片付《かたづ》かない。
下駄箱	げたばこ
傘立て	かさたて
スリッパ立て	スリッパたて
植木鉢	うえきばち
近年	きんねん ・近年、犯罪《はんざい》の低年齢化《ていねんれいか》が目立《めだ》ってきた。
一戸建て	いっこだて
集合住宅	しゅうごうじゅうたく
〜様式	ようしき ・建築《けんちく》様式　生活《せいかつ》様式　住宅様式　行動様式　ルネッサンス様式
〜化	か ・温暖《おんだん》化　西洋化　複雑《ふくざつ》化　具体《ぐたい》化
要素	ようそ
思い浮かべる	おもいうかべる ・人が去《さ》った秋の浜辺《はまべ》を思い浮かべながら、この曲《きょく》を作った。
ホッとする	ホッとする ・留学生代表《りゅうがくせいだいひょう》としてのスピーチが無事《ぶじ》終わってホッとした。
開放的（な）	かいほうてき
切り替わる	きりかわる
格好	かっこう
気楽（な）	きらく

緊張感	きんちょうかん
解放（する）	かいほう
気分転換	きぶんてんかん
ただの	ただの ・セールスマンはこれを飲むとガンが治《なお》ると言ったが、ただの水だった。
清潔（な）	せいけつ
物理的（な）	ぶつりてき
空間	くうかん
精神的（な）	せいしんてき
機能	きのう

Ⅳ. 調査発表《ちょうさはっぴょう》

インタビュー

次《つぎ》のようなことについて、調査をして発表してください。

- 通勤《つうきん》／通学の時間、手段《しゅだん》
- 近くにある公園《こうえん》、公共《こうきょう》施設《しせつ》、その他《た》
- 近くにほしいと思う公園、公共施設、その他
- 現在《げんざい》の所に住んでいる理由《りゆう》
- 現在の所に住んでいていいと思うこと
- 現在の所に住んでいてよくないと思うこと
- ほかの土地《とち》に住みたいと思うか／思ったことはあるか（いつ、どんなとき）
- どんな所に住みたいと思うか
- その他

●インタビュー調査《ちょうさ》の流《なが》れ

【インタビュー】

テーマを決定《けってい》し、計画《けいかく》を立てる

・インタビューの目的《もくてき》と対象《たいしょう》を考える

☞p.106「インタビュー調査計画」

▼

インタビューの準備《じゅんび》をする

・質問内容《ないよう》を考える

・電話でお願《ねが》いし、会う日時や場所を約束《やくそく》する

☞p.107「インタビューの例《れい》」

▼

インタビューをする

・インタビューを録音《ろくおん》する

☞p.108「インタビューのしかた」

▼

インタビュー(録音内容)の要点《ようてん》を聞き取《と》る

▼

【原稿作成《げんこうさくせい》】

わかったことをまとめて原稿を書く

・インタビューした人の立場を考えて考察《こうさつ》する

・構成《こうせい》を考え、原稿を書く

・資料《しりょう》を作る

☞p.110「インタビュー調査の発表」(1) 発表の構成

▼

【発表《はっぴょう》】

発表する

☞p.110「インタビュー調査の発表」(2) 発表の表現《ひょうげん》

質問に答える

調査《ちょうさ》・発表《はっぴょう》のための手《て》引《び》き

1．グラフの読み方

1）グラフの種類《しゅるい》

(1) 円グラフ

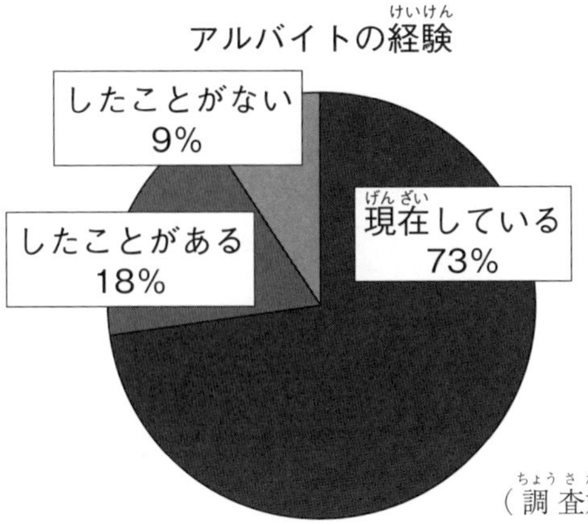

（調《ちょう》査《さ》対《たい》象《しょう》：S大学の学生85人）

(2) 棒《ぼう》グラフ

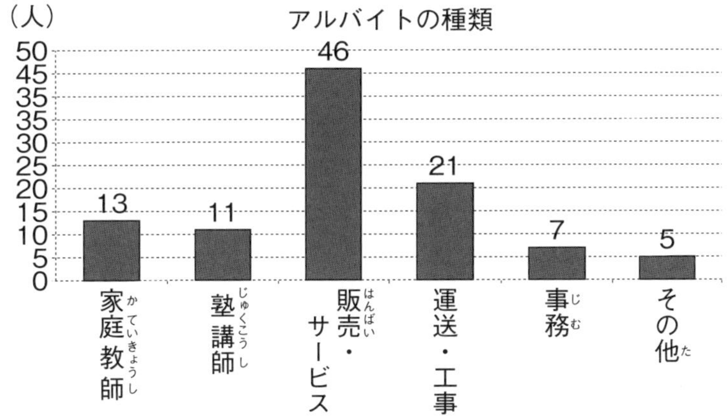

（調査対象：S大学の学生78人（複数回答《ふくすうかいとう》））

(3) 帯《おび》グラフ

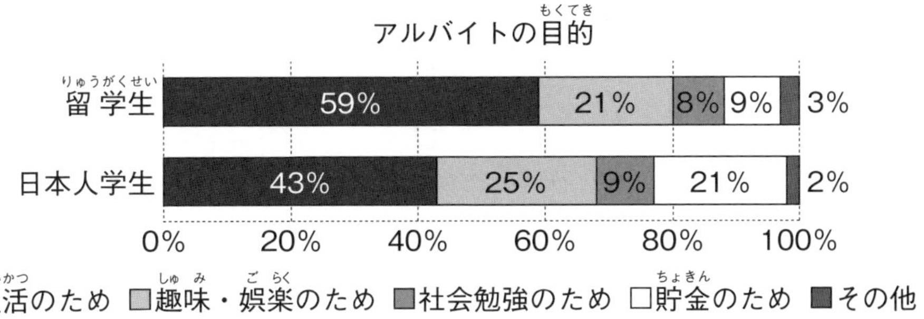

（調査対象：S大学の学生78人（うち日本人41人、留学生37人））

(4) 折《お》れ線《せん》グラフ

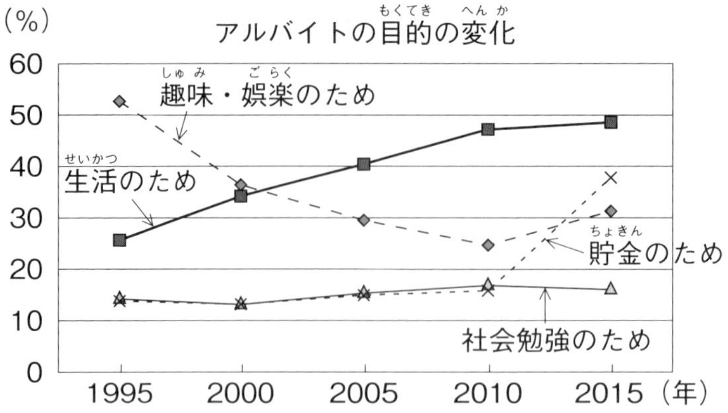

（調査対象《ちょうさたいしょう》：S大学J学科《がっか》の学生200人（複数回答《ふくすうかいとう》））

2）グラフで使う言葉《ことば》

たて軸《じく》　よこ軸　〜をとる

点線《てんせん》　実線《じっせん》　斜線《しゃせん》　黒い／白い部分《ぶぶん》　細《こま》かい／粗《あら》い

〜を／について表《あらわ》す　示《しめ》す

複数回答　割合《わりあい》　〜を占《し》める

増《ふ》える／増加《ぞうか》する　減《へ》る／減少《げんしょう》する　上がる　下がる

差《さ》が開く　差が縮《ちぢ》まる　〜ている　〜てきた　〜ていく

〜を上回《うわまわ》る　〜を下回る　少しずつ　徐々《じょじょ》に　急に　大きく　少し

3）グラフの説明

・このグラフは＿＿＿＿＿＿＿＿＿＿を表しています／示しています。

・たて軸に＿＿＿＿＿＿＿＿がとってあります。

・よこ軸は＿＿＿＿＿＿＿＿を表しています。

・単位《たんい》は＿＿＿＿＿＿です。

・＿＿＿＿＿を見ると、＿＿＿＿＿が＿＿＿＿＿＿となっています。

・＿＿＿＿＿と＿＿＿＿を比《くら》べると、＿＿＿＿＿＿＿＿＿＿です。

・＿＿＿＿が＿＿＿＿＿のに比べて、＿＿＿＿は＿＿＿＿＿＿です。

・＿＿＿＿＿＿＿＿＿＿です。これに対《たい》して、＿＿＿＿＿＿＿＿です。

・このグラフから＿＿＿＿＿＿＿＿＿＿＿ということがわかります／言えます／読み取《と》れます。

2. 文体

話すときや書くときは、同じ文体にそろえましょう。

	です・ます体	だ体	である体
名詞《めいし》 な形容詞《けいようし》	問題です 問題ではありません 問題で、～ 問題ではなくて、～	問題だ 問題ではない 問題で、～ 問題ではなく、～	問題である 問題ではない 問題であり、～ 問題ではなく、～
い形容詞	難《むずか》しいです 難しくありません 難しくて、～ 難しくなくて、～	難しい 難しくない 難しく、～ 難しくなく、～	
動詞	変《か》わります 変わりません 変わって、～ 変わらなくて、～ 変わらないで、～	変わる 変わらない 変わって／変わり、～ 変わらなくて／変わらず、～ 変わらないで／変わらずに、～	
～んです	～のです	～のだ	～のである
～でしょう	～でしょう	～だろう	～であろう
～ています	～ています ～ていて、～ ～ていなくて、～	～ている ～ていて、～／～ており、～ ～ていなくて、／～ておらず、～	

3. アンケート調査《ちょうさ》

1）アンケート調査計画《けいかく》

名前 ＿＿＿＿＿＿＿＿＿＿

（1）テーマ

（2）どうして、このテーマを選《えら》びましたか。

（3）アンケートの対象《たいしょう》：・社会人、日本人学生、留学生《りゅうがくせい》…
・男性《だんせい》、女性
・年齢《ねんれい》（10代、20代、30代、40代、50代…）

（4）テーマについて、どんなことを知っていますか。

・
・
・

（5）知りたいことはどんなことですか。

・
・
・
・

（6）どんな結果《けっか》が予想《よそう》できますか。

2）アンケートシートの例《れい》

マナーについて

性別《せいべつ》　：　男性《だんせい》　　女性

年齢《ねんれい》　：　10代　20代　30代　40代　50代以上

職業《しょくぎょう》　：　＿＿＿＿＿＿＿＿＿＿

1．電車の中でほかの人のマナーが気になることがありますか。

（　　）よくある　（　　）ときどきある　（　　）あまりない

（　　）ない→3番《ばん》へ

2．どんなマナーが気になりましたか。（多いものから三つ選《えら》んでください。）

（　　）携帯《けいたい》電話で話す　（　　）ヘッドホンの音が大きい

（　　）リュックを背負《せお》っている　（　　）優先席《ゆうせんせき》をゆずらない

（　　）大声《おおごえ》で話している　（　　）通路《つうろ》などに座《すわ》り込《こ》んでいる

（　　）一人分以上の席をとっている　（　　）化粧《けしょう》をする

（　　）子供が騒《さわ》いでいるのに親が注意しない

（　　）その他《た》＿＿＿＿＿＿＿＿＿＿

3．電車以外の場所でマナーが気になることがありますか。

（　　）はい→4番へ　（　　）いいえ→7番へ

4．どこで気になりましたか。

（　　）駅やバス停《てい》など　（　　）道路《どうろ》　（　　）公園《こうえん》

（　　）店やレストランなど　（　　）映画館や美術《びじゅつ》館など

（　　）病院　（　　）その他＿＿＿＿＿＿＿＿＿＿

5．どんなマナーが気になりましたか。（多いものから三つ選《えら》んでください。）

（　　）たばこやごみの投《な》げ捨《す》て　（　　）禁煙《きんえん》場所での喫煙《きつえん》

（　　）列《れつ》の割《わ》り込《こ》み　（　　）つばをはく

（　　）お礼《れい》を言わない　（　　）その他《た》＿＿＿＿＿＿＿＿

6．マナー違反《いはん》を見つけたときどうしますか。

（　　）注意する　（　　）見ないふりをする

（　　）はじめから注意する気はない

（　　）その他＿＿＿＿＿＿＿＿＿＿＿＿＿

なぜそうしますか。

＿＿＿＿＿＿＿＿＿＿＿＿＿＿＿＿＿＿＿＿

7．以前と比《くら》べてマナーはよくなってきたと思いますか。

（　　）はい　（　　）いいえ　（　　）どちらとも言えない

8．どうしたらマナーがよくなると思いますか。

＿＿＿＿＿＿＿＿＿＿＿＿＿＿＿＿＿＿＿＿

☆ご協力《きょうりょく》ありがとうございました。

3）アンケートのしかた

（１）話しかける

・ちょっとすみません。

・あのう、今、ちょっとよろしいですか。

（２）自己紹介《じこしょうかい》をする

・私は（国）の（名前）と申します。

・（学校名）で日本語を勉強しています。

（３）お願《ねが》いをする

・授業《じゅぎょう》で～についてアンケートをしているんですが……。答えていただけますか。

・アンケートをお願いできますか。

アンケートに記入してもらう

（４）お礼《れい》を言う

・どうもありがとうございました。

・お忙《いそが》しいところありがとうございました。

・ご協力《きょうりょく》ありがとうございました。

4）アンケート調査《ちょうさ》の発表《はっぴょう》

（１）発表の構成《こうせい》

タイトル	
目的《もくてき》	どうして関心《かんしん》を持ったか、何を知りたいと思ったか
予測《よそく》	どんな結果《けっか》になると思ったか
実施内容《じっしないよう》	年月日、場所、対象《たいしょう》（身分《みぶん》、性別《せいべつ》、年代、人数《にんずう》など）
結果	データ、重要《じゅうよう》なポイント
考察《こうさつ》・意見	データの分析《ぶんせき》（何がわかったか、どうしてそのような結果になったか） 意見(どうしたらいいと思うか、将来《しょうらい》はどうなるかなど)
キーワード	重要な言葉《ことば》や理解《りかい》を助《たす》ける言葉
発表の時に使う資料《しりょう》	グラフ、表《ひょう》、絵《え》、写真、レジュメ、音声、映像《えいぞう》、その他《た》

（２）発表の表現《ひょうげん》

①話し始める

・では、始めます。私の発表は～です。

・これから～について発表したいと思います。

・それでは、～について、アンケート調査した結果をお話ししたいと思います。

・最近《さいきん》、～と聞きました。

・実際《じっさい》はどうなのか、調査したいと思いました。

・調査をする前は、～だろうと思っていました。

②順番《じゅんばん》に話す

・まず、～。

・次《つぎ》に、～。

・その次に／それから、～。

・最後《さいご》に、～。

③資料《しりょう》を紹介《しょうかい》する

・こちらのグラフをごらんください。

④説明する

・～という質問に対《たい》して、～と答えた人は～人で、全体《ぜんたい》の～%でした。

・～について聞いたら／質問したところ、～という答えが一番《いちばん》多かったです／と答えた人が半分以上でした／という結果《けっか》が出ました。

・～は、～ということを表《あらわ》しています。

・以上がアンケート調査《ちょうさ》の結果です。

・(この結果）から、～ということがわかりました。

⑤意見を言う

・～と思いました／考えました。

・～（の）ではないかと思います／ではないでしょうか。

・～かもしれません。

・～という点《てん》で～です。

・～たほうがいいと思います。

・今回《こんかい》は～については調《しら》べられませんでした。今後の課題《かだい》にしたいと思います。

⑥発表《はっぴょう》を終わる

・これで～についての発表を終わります。

・(私の発表は）以上です。

・以上、～についてお話ししました。

⑦質問やコメントを受《う》ける

・何か質問はありませんか。

・質問やコメントがありましたら、お願《ねが》いします。

4. インタビュー調査《ちょうさ》

1）インタビュー調査計画《けいかく》

名前 ＿＿＿＿＿＿＿＿＿＿

（１）テーマ

（２）どうして、このテーマを選《えら》びましたか。

（３）インタビューの対象《たいしょう》：・社会人、日本人学生、留学生《りゅうがくせい》…
・男性《だんせい》、女性《じょせい》
・年齢《ねんれい》（10代、20代、30代、40代、50代…）

（４）テーマについて、どんなことを知っていますか。

・
・
・

（５）知りたいことはどんなことですか。

・
・
・
・

（６）どんな結果《けっか》が予想《よそう》できますか。

2）インタビューの例《れい》

教育《きょういく》に関《かん》するインタビュー

1. 目的《もくてき》：教師《きょうし》を目指《めざ》す大学生の教師観《かん》について知る

2. 日時：○年×月△日午後２時～３時

3. 場所：喫茶店《きっさてん》「ひまわり」

4. 対象《たいしょう》：○○大学教育学部《がくぶ》３年生　川田健太《かわだけんた》さん（男性《だんせい》20歳《はたち》）

5. 質問：

・思い出に残《のこ》っている先生がいますか。

・どんな思い出ですか。エピソードを話してください。

・学生が学《まな》ぶとき教師はどんな役割《やくわり》をすると思いますか。

・最近《さいきん》のインターネットによる授業《じゅぎょう》についてどう思いますか。

・教師に何を期待《きたい》しますか。

・生き方や考え方について影響《えいきょう》を受《う》けた人がいますか。

⋮

3）インタビューのしかた

（1）準備《じゅんび》をする

①話しかける

・ちょっとすみません。

・あのう、今、ちょっとよろしいですか。

②自己紹介《じこしょうかい》をする

・私は（国）の（名前）と申します。

・（学校名）で日本語を勉強しています。

③お願《ねが》いをする

・授業《じゅぎょう》で〜について調《しら》べてるんですが、〜についてお聞きしてもよろしいですか。

・授業で〜について調べています。〜についてお聞きしたいんですが、お願いできますか。

＊必要《ひつよう》であれば日時・場所を決《き》める

（2）実施《じっし》する

①あいさつをする

・今日は、お忙《いそが》しいところありがとうございます。

・よろしくお願いいたします。

②説明してもらう

・たとえば、どんな例《れい》がありますか。

・もう少し詳《くわ》しく話していただけませんか。

・その「〜」というのは、どういう意味ですか。

・〜について、どうお考えですか。

③聞き返《かえ》す

・何とおっしゃいましたでしょうか。

・「何～ 」でしょうか。

・すみません。もう一度お願《ねが》いします。

④あいづちをうつ

・ええ／はい／そうですね／そうですか／そうなんですか。

⑤お礼《れい》を言う

・どうもありがとうございました。

・お忙《いそが》しいところありがとうございました。

・ご協力《きょうりょく》ありがとうございました。

4）インタビュー調査《ちょうさ》の発表《はっぴょう》

（1）発表の構成《こうせい》

タイトル	
目的《もくてき》	どうして関心《かんしん》を持ったか、何を知りたいと思ったか
予測《よそく》	どんな結果《けっか》になると思ったか
実施内容《じっしないよう》	年月日、場所、対象《たいしょう》（身分《みぶん》、性別《せいべつ》、年代、人数《にんずう》など）
結果	データ、重要《じゅうよう》なポイント
考察《こうさつ》・意見	インタビューした人の立場を考えながら内容を分析《ぶんせき》、自分の意見など
キーワード	重要な言葉《ことば》や理解《りかい》を助《たす》ける言葉
発表の時に使う資料《しりょう》	グラフ、表《ひょう》、絵《え》、写真、レジュメ、音声、映像《えいぞう》、その他《た》

（2）発表の表現《ひょうげん》

①話し始める

・では、始めます。私の発表は〜です。

・これから〜について発表したいと思います。

・それでは、〜について、インタビューし、まとめた結果をお話ししたいと思います。

・最近《さいきん》、〜と聞きました。

・実際《じっさい》はどうなのか、調査したいと思いました。

・調査をする前は、〜だろうと思っていました。

②順番《じゅんばん》に話す

・まず、〜。

・次《つぎ》に、〜。

・その次に／それから、〜。

・最後《さいご》に、〜。

③資料《しりょう》を紹介《しょうかい》する

・こちらの図をごらんください。

・～の写真について、少しご紹介したいと思います。

④説明する

・～について聞いたら／質問したところ、～さんは～と言っていました／おっしゃっていました／というご意見でした。

・以上がインタビューの内容《ないよう》です。

・このインタビュー（の結果《けっか》）から、～ということがわかりました。

⑤意見を言う

・～と思いました／考えました。

・～（の）ではないかと思います／ではないでしょうか。

・～かもしれません。

・～という点《てん》で～です。

・～たほうがいいと思います。

・今回《こんかい》は～については調《しら》べられませんでした。今後の課題《かだい》にしたいと思います。

⑥発表《はっぴょう》を終わる

・これで～についての発表を終わります。

・（私の発表は）以上です。

・以上、～についてお話ししました。

⑦質問やコメントを受《う》ける

・何か質問はありませんか。

・質問やコメントがありましたら、お願《ねが》いします。

5. 文献調査《ぶんけんちょうさ》

1）文献調査計画《けいかく》

名前 ____________________

（1）テーマ

（2）どうして、このテーマを選《えら》びましたか。

（3）テーマについて、どんなことを知っていますか。

・
・
・

（4）知りたいことはどんなことですか。

・
・
・
・

（5）どんな結果《けっか》が予想《よそう》できますか。

（6）調《しら》べる方法《ほうほう》は何ですか。

（　　）本　（　　）雑誌《ざっし》　（　　）新聞　（　　）インターネット

その他《た》 ____________________

2）文献調査《ぶんけんちょうさ》のしかた

（１）図書《としょ》館へ行く

わからないことがあったら、図書館の人に聞く。

・すみません。～という本を探《さが》しているのですが……。

・教育関係《きょういくかんけい》の論文《ろんぶん》はどこにありますか。

＊日本図書館協会《きょうかい》図書館リンク集

http://www.jla.or.jp/link/tabid/95/Default.aspx

（２）インターネットを利用《りよう》する

情報《じょうほう》が信頼《しんらい》できるかどうか、新しいかどうかに注意する。

＊日本政府《せいふ》の刊行物《かんこうぶつ》・公表資料《こうひょうしりょう》　http://www.e-gov.go.jp/publication/

（３）出典《しゅってん》を書く

筆者《ひっしゃ》、発行年、論文《ろんぶん》名、書名、出版《しゅっぱん》社、掲載《けいさい》ページなど

例《れい》：・中島純一《なかじまじゅんいち》（2007）「メールの二重性《せい》」『コミュニケーションと日常《にちじょう》社会の心理』金子書房《かねこしょぼう》、pp.138-139

・内閣府《ないかくふ》（2018）『平成《へいせい》30年版《ばん》子供《こども》・若者《わかもの》白書』

http://www8.cao.go.jp/youth/whitepaper/h30honpen/index.html

2018年10月6日アクセス

・『日本経済《けいざい》新聞』2018年10月8日「育《そだ》て！グローカル10代」

（４）引用《いんよう》／要約《ようやく》をする

引用：もとの文献に書いてあることをそのまま書き写したもの

要約：もとの文献に書いてあることを自分の言葉《ことば》でまとめたもの

3）文献《ぶんけん》メモの例《れい》

書名／記事名	『朝日新聞』2009年2月20日「世界2500言語《げんご》 消《しょう》滅危機《めつきき》」
キーワード	ユネスコ、言語、消滅、方言《ほうげん》、独立《どくりつ》言語
引用《いんよう》 または 要約《ようやく》	「世界で約《やく》2500の言語が消滅の危機にさらされている」
	世界の2500の言語がなくなることが心配《しんぱい》される。
自分の コメント	・方言も一つの言語と数《かぞ》えてもいいのだろうか。 ・グローバリゼーションの例としても使える。

4）文献調査《ちょうさ》の発表《はっぴょう》

（１）発表の構成《こうせい》

タイトル	
目的《もくてき》	どうして関心《かんしん》を持ったか、何を知りたいと思ったか
予測《よそく》	どんな結果《けっか》になると思ったか
文献	筆者《ひっしゃ》、論文《ろんぶん》名／書名など
内容《ないよう》説明	重要《じゅうよう》なポイント
考察《こうさつ》・意見	分析《ぶんせき》（複数《ふくすう》の文献の内容を比《くら》べて同じ点《てん》や違《ちが》う点、わかったこと、賛成《さんせい》できる点やできない点など） 意見（将来《しょうらい》はどのようなことが考えられるかなど）
キーワード	重要な言葉《ことば》や理解《りかい》を助《たす》ける言葉
発表の時に使う資料《しりょう》	グラフ、表《ひょう》、絵《え》、写真、レジュメ、音声、映像《えいぞう》、その他《た》

（2）発表《はっぴょう》の表現《ひょうげん》

①話し始める

・では、始めます。私の発表は～です。

・これから～について発表したいと思います。

・それでは、～について、文献《ぶんけん》を調《しら》べてまとめたことをお話しします。

②順番《じゅんばん》に話す

・まず、～。

・次《つぎ》に、～。

・その次に／それから、～。

・最後《さいご》に、～。

③資料《しりょう》を紹介《しょうかい》する

・こちら／レジュメをごらんください。

・～からのデータを少しご紹介したいと思います。

④引用《いんよう》・要約《ようやく》をする

・～は次のように述《の》べています。「(引用)」。

・～は、「(引用)」と言っています／述べています。

・～によると、(要約）だそうです／ということです。

・～を要約すると、次の通りです。

⑤説明する

・～と～で、同じ点《てん》は～ということです。しかし、違《ちが》う点もあります。
～（ということ）です。

・～から～ということがわかります。

⑥意見を言う

・以上から～（ということ）が考えられます。

・～（の）ではないかと思います／ではないでしょうか。

・～かもしれません。

・～という点《てん》で～です。

・～たほうがいいと思っています。

・今回《こんかい》は～については調《しら》べられませんでした。今後の課題《かだい》にしたいと思います。

⑦発表《はっぴょう》を終わる

・これで～についての発表を終わります。

・（私の発表は）以上です。

・以上、～についてお話ししました。

⑧質問やコメントを受《う》ける

・何か質問はありませんか。

・質問やコメントがありましたら、お願《ねが》いします。

6. 評価表《ひょうかひょう》

1）アンケート調査発表《ちょうさはっぴょう》評価

月　　日

タイトル［　　　　　　　　　　　　　　　　］ 名　前［　　　　　　　　　　　］		
アンケートシート	形式《けいしき》	2　1　0
	質問内容《ないよう》	4　3　2　1　0
原稿《げんこう》	内容のまとめ	4　3　2　1　0
	構成《こうせい》（論理的《ろんりてき》な組《く》み立て）	4　3　2　1　0
	文の正確《せいかく》さ	4　3　2　1　0
発表	態度《たいど》（目線、声の大きさ、間《ま》の取《と》り方、など）	4　3　2　1　0
	発音／イントネーションなど （流暢《りゅうちょう》さ）	3　2　1　0
	質疑応答《しつぎおうとう》	2　1　0
その他《た》		3　2　1　0
	合計	／30
【コメント】 よかったところ 努力《どりょく》したいところ		

2）インタビュー調査発表《ちょうさはっぴょう》評価《ひょうか》

月　　日

タイトル［　　　　　　　　　　　　　　　　　　　　］

名　　前［　　　　　　　　　　　　　　　　］

インタビューの内容《ないよう》		4　3　2　1　0
原稿《げんこう》	内容のまとめ	6　5　4　3　2　1　0
	構成《こうせい》（論理的《ろんりてき》な組《く》み立て）	4　3　2　1　0
	文の正確《せいかく》さ	4　3　2　1　0
発表	態度《たいど》（目線、声の大きさ、間《ま》の取《と》り方、など）	4　3　2　1　0
	発音／イントネーションなど（流暢《りゅうちょう》さ）	3　2　1　0
	質疑応答《しつぎおうとう》	2　1　0
その他《た》		3　2　1　0
	合計	／30

【コメント】

よかったところ

努力《どりょく》したいところ

3）文献《ぶんけん》調査《ちょうさ》発表《はっぴょう》評価《ひょうか》

月　　日

タイトル［　　　　　　　　　　　　　　　　　　　　］ 名　　前［　　　　　　　　　　　　　］		
調査活動《かつどう》	資料《しりょう》の選択《せんたく》	3　2　1　0
	資料の理解《りかい》	4　3　2　1　0
原稿《げんこう》	構成《こうせい》（論理的《ろんりてき》な組《く》み立て）	4　3　2　1　0
	主張《しゅちょう》の明確《めいかく》さ	4　3　2　1　0
	文の正確《せいかく》さ	4　3　2　1　0
発表	態度《たいど》（目線、声の大きさ、間《ま》の取《と》り方、など）	4　3　2　1　0
	発音／イントネーションなど （流暢《りゅうちょう》さ）	3　2　1　0
	質疑応答《しつぎおうとう》	2　1　0
その他《た》		2　1　0
	合計	／30

【コメント】

よかったところ

努力《どりょく》したいところ

4）文集作《づく》り評価《ひょうか》

月　　日

タイトル［　　　　　　　　　　　　　　　　　］ 名　　前［　　　　　　　　　　　　］		
原稿《げんこう》	構成《こうせい》	6　5　4　3　2　1　0
	物語《ものがたり》の紹介《しょうかい》	6　5　4　3　2　1　0
	テーマの深《ふか》め方	6　5　4　3　2　1　0
	正確《せいかく》さ	5　4　3　2　1　0
文集作り（編集《へんしゅう》、製本《せいほん》など）		5　4　3　2　1　0
その他《た》		2　1　0
合計		／30

【コメント】

よかったところ

努力《どりょく》したいところ

「読み物」の解答例《かいとうれい》

❶ 教育《きょういく》

「父の寺子屋式《てらこやしき》教育」を読んで

1．1）×　2）○　3）○　4）○　5）×　6）○

2．1）何もかもみんなと同じようにするので嫌《きら》いだと考えている。

2）「答えはひとつではない、それが人生」という発想《はっそう》。

❷ 言葉《ことば》

「ことわざのおもしろさ」を読んで

1．1）×　2）○　3）×　4）○　5）○　6）○

2．1）比喩《ひゆ》を使った短い表現《ひょうげん》で物事《ものごと》を表《あらわ》しているから。

2）まったく反対《はんたい》のことを表しているものがあったり、元《もと》の意味と違《ちが》った意味で使われているものがあったり、いろいろな言語《げんご》に共通《きょうつう》することわざが見られることなど。

❸ コミュニケーション

「非言語《ひげんご》コミュニケーション」を読んで

1．1）×　2）○　3）×　4）×　5）○　6）○

2．1）文化《ぶんか》によって相手《あいて》との距離《きょり》の取《と》り方が違うから

2）①体に関《かん》するもの：顔の表情《ひょうじょう》、ジェスチャー、姿勢《しせい》など

②言語の周辺《しゅうへん》にあるもの：話す速《はや》さ、声の大きさ、イントネーション、間《ま》の取り方など

③空間的《てき》なこと：相手との距離、身体接触《しんたいせっしょく》など

❹ 昔話《むかしばなし》

「昔話について」を読んで

1．1）○　2）○　3）×　4）×　5）×　6）○

2．1）不思議《ふしぎ》な生まれ方をして、何かを禁止《きんし》されたり、不思議な力をもらったりする。そして、悪い敵《てき》と戦《たたか》ったり、意地悪な継母《ままはは》にいじめられたりするが、最後《さいご》には幸《しあわ》せになる。

　2）人間《にんげん》の根源的《こんげんてき》な空想《くうそう》や考え方が世界のどの民族《みんぞく》にも共通《きょうつう》しているからだろうと言っている。

❺ 住宅《じゅうたく》

「玄関《げんかん》」を読んで

1．1）○　2）○　3）×　4）×　5）○　6）×

2．1）住宅様式《ようしき》が西洋化《か》し、和室《わしつ》が少なくなり、玄関に広いスペースをとることも難《むずか》しくなってきた。

　2）出入り口、家を清潔《せいけつ》にしておくために靴《くつ》を脱《ぬ》いだり履《は》いたりする場所という役割《やくわり》を果《は》たしている。

　3）「外」から「内《うち》」への気分転換《てんかん》をはかる場所という役割を果たしている。

表現《ひょうげん》リスト

❶ 教育《きょういく》

・～た通り

・～ことになる

・～ばかり～と

・どうも～らしい

・～とかいう～

❷ 言葉《ことば》

・ところで

・～ためには〈目的《もくてき》〉

・～なければ～ない

・一方《いっぽう》は～、もう一方は～

・～のに対《たい》して

・かえって～

❸ コミュニケーション

・～にとって

・～に関《かん》する

・～ということだ

・～もあって

・～ば、～はずだ

❹ 昔話《むかしばなし》

・どこの～でも

・～という～で

・～ことになる

・～ことから～と考えられる／思われる／判断《はんだん》される

・いずれにしても

・たとえ～ても

❺ 住宅《じゅうたく》

・～の

・～や～といった～

・～にともなって

・～てくる

・～と同時に

編著者
安藤節子　元桜美林大学リベラルアーツ学群 准教授
佐々木薫
赤木浩文　東京藝術大学 特任講師
東京外国語大学 非常勤講師
田口典子　元日本大学日本語講座 非常勤講師
鈴木孝恵　亜細亜大学 非常勤講師
流通経済大学 非常勤講師

執筆協力者
宮川光恵　原田三千代　白井香織　西川悦子　内田紀子　末田美香子　草野宗子

イラスト
向井直子

装丁デザイン
山田武

新訂版《しんていばん》　トピックによる日本語《にほん ご》総合《そうごう》演習《えんしゅう》
テーマ探《さが》しから発表《はっぴょう》へ　中級後期《ちゅうきゅうこうき》

2001年 8 月24日　初版第1刷発行
2009年10月 1 日　改訂版第1刷発行
2019年 1 月29日　新訂版第1刷発行
2024年 9 月10日　第 4 刷 発 行

編著者　安藤節子《あんどうせつこ》　佐々木薫《ささきかおる》　赤木浩文《あかぎひろふみ》　田口典子《たぐちのりこ》　鈴木孝恵《すずきたかえ》
発行者　藤嵜政子
発　行　株式会社スリーエーネットワーク
〒102-0083　東京都千代田区麹町3丁目4番
トラスティ麹町ビル 2F
電話　営業　03（5275）2722
編集　03（5275）2725
https://www.3anet.co.jp/
印　刷　倉敷印刷株式会社

ISBN978-4-88319-787-3 C0081